【 学 研 ニ ュ ー コ ー ス 】

中 1 英 語

♪マークの付いている英文の音声は，2通りの方法で再生できます。
利用環境や用途に合わせてお選びください。

アプリ「マイオトモ」

音声再生アプリをご利用の方は下記へアクセスしてください。

URL:https://gakken-ep.jp/extra/myotomo/

＊音声を端末にダウンロードすればオフラインでもご利用可能です。

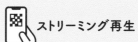

ストリーミング再生

各ページ右上の二次元コードを読み取ってください。

【ご注意】
• オフラインでは利用できません。
• 二次元コードを読み取るためのアプリ等が必要です。

アプリの利用やストリーミング再生は無料ですが，通信料はお客様のご負担になります。
お客様のネット環境および端末の設定等により，音声を再生できない場合，当社は責任を負いかねます。

Gakken

はじめに

　『学研ニューコース』シリーズが初めて刊行されたのは，1972（昭和47）年のことです。当時はまだ，参考書の種類も少ない時代でしたから，多くの方の目に触れ，手にとってもらったことでしょう。みなさんのおうちの人が，『学研ニューコース』を使って勉強をしていたかもしれません。

　それから，平成，令和と時代は移り，世の中は大きく変わりました。モノや情報はあふれ，ニーズは多様化し，科学技術は加速度的に進歩しています。また，世界や日本の枠組みを揺るがすような大きな出来事がいくつもありました。当然ながら，中学生を取り巻く環境も大きく変化しています。学校の勉強についていえば，教科書は『学研ニューコース』が創刊した約10年後の1980年代からやさしくなり始めましたが，その30年後の2010年代には学ぶ内容が増えました。そして2020年の学習指導要領改訂では，内容や量はほぼ変わらずに，思考力を問うような問題を多く扱うようになりました。知識を覚えるだけの時代は終わり，覚えた知識をどう活かすかということが重要視されているのです。

　そのような中，『学研ニューコース』シリーズも，その時々の中学生の声に耳を傾けながら，少しずつ進化していきました。新しい手法を大胆に取り入れたり，ときにはかつて評判のよかった手法を復活させたりするなど，試行錯誤を繰り返して現在に至ります。ただ「どこよりもわかりやすい，中学生にとっていちばんためになる参考書をつくる」という，編集部の思いと方針は，創刊時より変わっていません。

　今回の改訂では中学生のみなさんが勉強に前向きに取り組めるよう，等身大の中学生たちのマンガを巻頭に，「中学生のための勉強・学校生活アドバイス」というコラムを章末に配しました。勉強のやる気の出し方，定期テストの対策の仕方，高校入試の情報など，中学生のみなさんに知っておいてほしいことをまとめてあります。本編では新しい学習指導要領に合わせて，思考力を養えるような内容も多く掲載し，時代に合った構成となっています。

　進化し続け，愛され続けてきた『学研ニューコース』が，中学生のみなさんにとって，やる気を与えてくれる，また，一生懸命なときにそばにいて応援してくれる，そんな良き勉強のパートナーになってくれることを，編集部一同，心から願っています。

学研プラス

中学校生活は新しいことづくしで
何かに挑戦する余裕なんてなかった。
でもちょっとしたことがきっかけで、
変わるものなんだ…

あ、え〜と
神宮寺はまだっぽいな

じゃ、俺の方から
始めるぞ

杉野 遼
（軽音部）

Hello

I'm
Sugino Ryo...

杉野くん
堂々としてるな〜

Change roles!
役割かえて！

え！

もう私？

ゴメン
すぐ書くね

Time is up!

そこまでね！
みんなちゃんと
自己紹介はできた？

えっ？
もう終わり!?

ごめん
杉野くん…

ははは…

いいって！
しょうがねーよ

6

キーンコーン

I - B

なぁなぁ
さっきの授業の
事なんだけど

あっ

ほんとごめんね…

私、英語
得意じゃない
から…

そうじゃ
なくてさ！

神宮寺って
…

『New Gates』
好きなのか!?

さっき
好きな曲のところに
書いてただろ？

う、うん！
好きだけど
杉野くんも？

中学で
あの曲知ってる人
初めてだよ！

洋楽だし

自己紹介で
言ったじゃん

さては
焦りすぎて
聞いてなかったな？

うっ…！

同じ曲が好きだとわかり
私たちは一気に打ち解けた

杉野くんは
いろんなことを
話してくれた

音楽が好きになったのは
お兄さんの影響だってこと

いまは
部活の時間以外でも
音楽に夢中なこと

最近さ
趣味で
こんなこと
やってんだ

「旅立つあなたを
見送ります」…

ん？
これ
なんの歌詞？

『New Gates』
の和訳だよ

そうなんだよ

へぇ〜
『New Gates』って
別れの曲だったんだ！

俺、ゆくゆくは
自分で作詞作曲とか
したくてさ

英語と日本語を
うまく融合させて歌を
作りたいんだよね

だからまずは
『New Gates』の
和訳をして曲に合うように
アレンジしたいなって

すごいね！
杉野くん

お〜〜！！

でもネット翻訳だと
意味はわかるんだけど

なんか自然な
感じじゃなくてさ

う〜〜ん

そうだ！
神宮寺、この歌作るの
手伝ってくれよ！

手伝うって…
私、英語
わからないん
だけど!?

この曲を
好きな奴の意見が
聞きたいんだよ！

え〜!?

な、頼む！

こうして私は
押し切られる
感じで杉野くんを
手伝うことに
なったんだけど

え〜

つっ

こうしてじっくり読んでいくと歌詞もステキ!!

これが実はけっこう楽しかった!

英語だから意味とかあんまり考えてなかったけど…

ちゃんと意味を理解してから聞くと

聞き慣れた曲が今までとは全然違う曲に聞こえてくる

ここは「私の」より「ボクの」とかにしたほうがいいんじゃないかな?

曲の感じと比べてちょっとかたいし

そっか!

わからないところは（ちょっと厳しいけど）頼れる先生に聞きに行ったりして…

Great!

自分から洋楽を和訳したいなんてすごい!

完成したらぜひ先生にも聞かせてちょうだい!

大変ながらも私は充実感を得られていた

そして――

数週間後

ジャラ〜…

ペコ

…以上
『新しい扉(とびら)』
でした！

いい演奏
だったわよ！
カッコよかった！

すごい！

通しで
歌ってるの聞いたら
感動しちゃった

パチ

パチ

へへへへ

先生と神宮寺のおかげで
いい歌詞に仕上がりました
ありがとうございました！

私は聞かれたことに
答えただけだから…
神宮寺さんのほうが
大変だったはずよ

そうでしょ？

確かに
わからない単語ばっかりで
大変でしたけど…

その分、できた歌は
最高でした！

それに…

なんだか
嬉しいんです

今まで聞いている
だけだった
英語の歌を

私たちだけの言葉で
表現できたというか…！

私でも頑張れば
できるんだって
英語への苦手意識が
ちょっとなくなりました

Excellent!
成長したわね
神宮寺さん

じゃあさ

俺からまた
お願いがあるんだけど

え、なに？

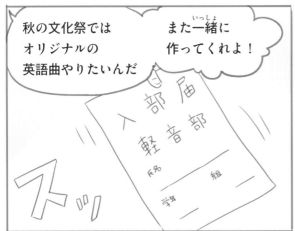

本書の特長と使い方

各章の流れと使い方

解説ページ

本文

本書のメインページです。基礎内容から発展内容まで，わかりやすくくわしく解説しています。英文は音声を聞いて発音を確認するようにしましょう。

問題

定期テスト予想問題

学校の定期テストでよく出題される問題を集めたテストで，力試しができます。

本文ページの構成

基本例文
各項目の学習のカギとなる基本的な例文です。

ここで学習すること
各項目で身に付けたいポイントを簡潔にまとめてあります。

♪01 音声
このマークのある英語はスマートフォンで音声を再生できます。
※音声の再生方法についてくわしくはこの本のp.1をご覧ください。

1　I am ～.

「私は～です」と言うときの文

基本例文
I'm Yumi.
（私は由美です。）
♪01

ここで学習すること
「私は～です」は I am ～. で表します。
I am Yumi. （私は由美です。）
└ am は，I（私）と Yumi をイコール（=）で結ぶ働き

① I am ～.の文

「私は～です」は I am ～. で表します。I am は，短縮形の I'm がよく使われます。
I は「私（は）」という意味です。am は be 動詞と呼ばれ，前後をイコールで結ぶ働きをします。

I am Ken. （私は健です。）
I'm Sato Aki. （私は佐藤亜紀です。）
♪02

② 出身を表す from

「私は～出身です」と出身地を言うときは，I am from ～. で表します。

I'm from Tokyo. （私は東京の出身です。）
I'm from Hokkaido. （私は北海道の出身です。）
♪03

確認 短縮形の符号
省略した文字の代わりに付く（'）の符号をアポストロフィと言います。

くわしく be 動詞とは
am・are・is は，be というひとつの動詞が変化したものなので be 動詞と呼ばれます。

「私（は）」の意味の I は，文の途中でも大文字で書くよ。

くわしく from の意味
from は，「…から」「…からの」という意味の前置詞（→p.48）です。

52

16

本書の特長

教科書の要点が
ひと目でわかる

授業の理解から
定期テスト・入試対策まで

勉強のやり方や，
学校生活もサポート

特集

章末コラム

学んだ文法を使って，身近な生活シーンでどんな表現ができるか紹介します。

勉強法コラム

やる気の出し方，テスト対策の仕方，高校入試についてなど，知っておくとよい情報を扱っています。

入試レベル問題

高校入試で出題されるレベルの問題に取り組んで，さらに実力アップすることができます。

重要単語暗記
ミニブック

この本の最初に，切り取って持ち運べるミニブックがついています。テスト前の最終チェックに最適です。

サイド解説

本文をより理解するためのくわしい解説や関連事項，テストで役立つ内容などを扱っています。

くわしく 本文の内容をよりくわしくした解説。

発展 発展的な学習内容の解説。

テストで注意 テストでまちがえやすい内容の解説。

確認 学んだ内容を再確認する解説。

参考 本文の内容に関連する事柄を解説。

  L リスニング　S スピーキング　R リーディング　W ライティング 英語の4技能（聞く・話す・読む・書く）を伸ばすための実践的な解説。

チェック問題

各項目で学習した内容を理解できたかどうかを確認するための問題です。解答はすぐ右側に掲載しています。

学研ニューコース

Gakken New Course
for Junior High School
Students

中1英語

もくじ

Contents

1章　小学英語の復習など

2章　英語の基礎知識

3章　I'm ～. / You're ～.

4章　This is ～. / That is ～.

中学生のための勉強・学校生活アドバイス

中学校は小学校と大きく変わる

**「中学校から勉強が苦手になった」という人はたくさん
います。** 勉強につまずいてしまうのは，中学に上がると変
わることが多いためです。

まず，勉強する内容が高度になり量も多くなります。小
学校の1回の授業時間は40〜45分で，前回の授業を復習
しながら進みましたが，中学校の1回の授業は50〜60分で，
前回の授業は理解している前提で進みます。

生活面では部活動が始まります。入る部活によっては朝
や休日にも練習があるかもしれません。勉強と部活を両立
させられるかどうかで，成績に大きく差がつきます。

小学　　　　中学

中1の英語の特徴（とくちょう）

小学校の英語では，音声を中心に英語表現を学ぶ活動が多いですが，中学生になると，正確な英文を
書くことや，まとまった量の英文を読むことが求められてきます。難しそうに聞こえるかもしれません
が，中1の教科書に登場する表現の多くは「自己紹介」「過去のできごとを話す」など**小学英語で慣れ
親しんだ表現です。** 中学校ではそれらの表現をより深く，詳しく学んでいきます。

中学校でも単語と表現をたくさん覚えることが基本となります。その際，とても**重要なのが音声を聞
くことです。「毎日」「少しずつ」がポイントです。** 聞いた表現を「実際に英作文や会話に使うぞ」とい
う意識を持って取り組むとよいでしょう。

ふだんの勉強は「予習→授業→復習」が基本

　中学校の勉強では，**「予習→授業→復習」の正しい勉強のサイクルを回すこと**が大切です。

☑ 予習は軽く。要点をつかめば OK！

　予習は1回の授業に対して5～10分程度にしましょう。完璧に内容を理解する必要はありません。「どんなことを学ぶのか」という大まかな内容をつかみ，授業にのぞみましょう。

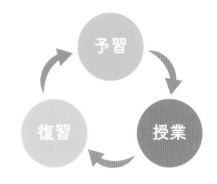

☑ 授業に集中！ わからないことはすぐに先生に聞く!!

　授業中は先生の説明を聞きながらノートを取り，気になることやわからないことがあったら，授業後にすぐ質問をしに行きましょう。

　授業中にボーっとしてしまうと，テスト前に自分で理解しなければならなくなるので，効率がよくありません。**「授業中に理解しよう」としっかり聞く人は，時間の使い方が上手く，効率よく学力を伸ばすことができます。**

☑ 復習は遅くとも週末に。ためすぎ注意！

　授業で習ったことを忘れないために，**復習はできればその日のうちに。それが難しければ，週末には復習をするようにしましょう。** 時間を空けすぎて習ったことをほとんど忘れてしまうと，勉強がはかどりません。復習をためすぎないように注意してください。

　復習をするときは，教科書やノートを読むだけではなく，問題も解くようにしましょう。問題を解いてみることで理解も深まり記憶が定着します。

定期テスト対策は早めに

　定期テストは1年に約5回※。一般的に，一学期と二学期に中間テストと期末テスト，三学期に学年末テストがあります。しかし，「小学校よりもテストの回数が少ない！」と喜んではいられません。1回のテストの範囲が広く，しかも同じ日に何教科も実施されるため，テストの日に合わせてしっかり勉強する必要があります。（※三学期制か二学期制かで回数は異なります）

　定期テストの勉強は，できれば2週間ほど前から取り組むのがオススメです。部活動はテスト1週間前から休みに入る学校が多いようですが，その前からテストモードに入るのがよいでしょう。「試験範囲を一度勉強して終わり」ではなく，二度・三度とくり返しやることが，よい点をとるためには大事です。

| 日 | 月 | 火 | 水 | 木 | 金 | 土 |
|Sun|Mon|Tue|Wed|Thu|Fri|Sat|

2週間前から始めよう！

部活が休みに！

テスト期間

中1のときの成績が高校受験に影響することも！

　内申点という言葉を聞いたことがある人もいるでしょう。内申点は各教科の5段階の評定（成績）をもとに計算した評価で，高校入試で使用される調査書に記載されます。1年ごとに，実技教科を含む9教科で計算され，たとえば，「9教科すべての成績が4の場合，内申点は4×9＝36」などといった具合です。

　公立高校の入試では，「内申点＋試験の点数」で合否が決まります。当日の試験の点数がよくても，内申点が悪くて不合格になってしまうということもあるのです。住む地域や受ける高校によって，「内申点をどのように計算するか」「何年生からの内申点が合否に関わるか」「内申点が入試の得点にどれくらい加算されるか」は異なりますので，早めに調べておくとよいでしょう。

　「高校受験なんて先のこと」と思うかもしれませんが，実は**中1のときのテストの成績や授業態度が，入試に影響する場合もあるのです。**

1章

小学英語の復習など

1 基本的なあいさつ

会ったときや別れるときのあいさつ

> **ここで 学 習 すること**
>
> あいさつ（greetings）はコミュニケーションの基本。ここでは，小学校の英語でも使った基本的なあいさつを取り上げています。音声を聞きながら，自分でも大きな声を出して，言ってみましょう。

1 知り合いに会ったときのあいさつ

Hi. や **Hello.** は気軽なあいさつで，時間帯に関係なく使うことができます。

♪01 Hi, Lisa. / Hi, Ken.
こんにちは，リサ。　こんにちは，健。

♪02 Hello, Ms. Baker. / Hello, Ken.
こんにちは，ベイカー先生。　こんにちは，健。

次のあいさつは，朝・昼・晩で使い分けます。

♪03 I-A Good morning, Mr. Smith. / Good morning, Yuki.
おはようございます，スミス先生。　おはよう，由紀。

くわしく Ms.

Ms. は女性に対して使う敬称で，「～先生」「～さん」という意味です。男性に対しては Mr. を使います。

S スピーキング 名前の呼びかけ

Hi. や Hello. とだけ言うのではなく，相手の名前を続けて言うことで，親しみをこめた言い方になります。

相手の名前を言うのも大事なんだね。

♪04

> Good afternoon, Ms. Baker.
>
> Good afternoon, Yuta.

こんにちは，ベイカー先生。　　　　　　　　こんにちは，勇太。

♪05

> Good evening, Yoko.
>
> Good evening, Mr. Smith.

こんばんは，陽子。　　　　　　　　こんばんは，スミス先生。

2　「元気?」と相手にたずねるときのあいさつ

「元気ですか」と相手にたずねるときは，**How are you?**と言います。

♪06

> How are you?
>
> I'm fine, thank you. And you?
>
> I'm fine, thank you.

元気ですか。　　元気です，ありがとう。あなたは?　　元気です，ありがとうございます。

③ 初対面の人とのあいさつ

初対面の人とは次のようなあいさつをします。

参考 握手の習慣

英語圏の国では，初対面のあいさつのときに，握手をする習慣があります。相手の目を見ながら，手をぎゅっとにぎりましょう。

はじめまして。　　　　　こちらこそ，はじめまして。

④ 別れるときのあいさつ

人と別れるときは，親しい相手に対しては **Bye.**（じゃあね。）と言います。ややていねいな **Goodbye.**（さようなら。）という言い方もあります。

くわしく そのほかの別れのあいさつ

いつも会う親しい相手と別れるときには，次の表現もよく使われます。

・See you later.
　（またあとで〈会おうね〉。）
・See you soon.
　（またすぐに〈会おうね〉。）
・See you.（またね。）
・Take care.（じゃあね。）

また明日ね。　　　また明日。　　　さようなら，健。　さようなら，ベイカー先生。

夜別れるときはGood night. をよく使うよ

2 お礼やあやまるとき

お礼を言ったり，あやまったり，人に話しかけたりするときの表現

> ここで **学習** すること
>
> ここでは，「ありがとう」や「ごめんなさい」など，ふだんの生活の中でも使う基本的な表現を紹介します。そのように言われたときの応じ方もあわせて確認しましょう。

1 お礼を言うとき

「ありがとう」とお礼を言うときは，**Thank you.** を使います。Thank you. には，ふつう**You're welcome.**（どういたしまして。）と応じます。

Thank you very much, Jim. ♪10

You're welcome.

どうもありがとう，ジム。　どういたしまして。

2 あやまるとき

「ごめんなさい」とあやまるときは，**I'm sorry.** を使います。I'm sorry. には，That's OK.（だいじょうぶですよ。）などと応じます。

I'm sorry.　That's OK. ♪11

ごめんね。　だいじょうぶ。

3 話しかけるとき

人に話しかけるときは，まず**Excuse me.**（すみません。）とひとこと声をかけましょう。

Excuse me. ♪12

すみません。

S 🎤 スピーキング 「ありがとう。」の言い方

会話では，Thanks. や Thanks a lot. もよく使われます。

くわしく Thank you. への応じ方

次のような応じ方もあります。
・That's all right.
（どういたしまして。）
・No problem.
（問題ないですよ。）
・Not at all.（何でもないですよ。）

簡単に Sorry.（ごめん）とだけ言うこともあるよ。

くわしく I'm sorry. への応じ方

次のような応じ方もあります。
・That's all right.
（いいんですよ。）
・It's OK.（いいんですよ。）

3 自己紹介

自分の名前や好きなことを紹介する言い方

ここで
学習
すること
> ここでは，自分の名前や年齢などを紹介する言い方や，自分の好きなこと，したいことなどを相手に伝えるときに使えるフレーズを復習します。

1 名前を伝える

　自分の名前を伝えるときは，**I'm ～.**（私は～です。）または**My name is ～.**（私の名前は～です。）と言います。

私はあやです。　　　　　　　　　　私の名前はジョーです。

2 年齢や誕生日を伝える

　自分の年齢は**I'm thirteen.**（私は13歳です。）のように言います。誕生日は**My birthday is ～.**で言うことができます。

私は13歳です。　　　　　　　　　　私の誕生日は5月5日です。

■ 参考　**フルネームの伝え方**

　「私は鈴木あやです。」はI'm Suzuki Aya.のように言います。一方で英語圏の人名は〈名＋姓〉の順で言うので，I'm Lisa Baker.のように言われたら，ふつうBakerのほうが姓（名字，family name）にあたります。

◆くわしく　**年齢の言い方**

　「～歳」を表すyear(s) oldをつけることもあります。
・12歳…twelve (years old)
・13歳…thirteen (years old)
・14歳…fourteen (years old)

■ 参考　**日付の言い方**

　英語では，日付は序数（→p.144）で言います。

3 好きなこと・得意なことを伝える

好きなものは **I like 〜.**（私は〜が好きです。）で言うことができます。My favorite ○○ is 〜.は「私のいちばん好きな○○は〜です。」という意味です。

I'm good at 〜.（私は〜が得意です。）で得意なことを伝えることができます。

「〜するのが好き」
「〜するのが得意」

「私は〜するのが好きです。」と言うには，動詞のing形（→p.241）を使って I like 〜ing. と言います。
・I like singing songs.
（私は歌を歌うのが好きです。）
同じように I'm good at 〜ing. で「私は〜するのが得意です。」と言うことができます。
・I'm good at dancing.
（私はダンスをするのが得意です。）

♪15

私はサッカーが好きです。　　私のいちばん好きな食べ物はピザです。　　私は水泳が得意です。

4 したいことを伝える

I want to 〜.（私は〜したいです。）で，自分のしたいことを伝えることができます。

参考　wantの意味

wantは「〜がほしい」という意味です。
・I want a new bike.
（私は新しい自転車がほしいです。）
to go は「行くこと」，to eat は「食べること」という意味なので，「行くことがほしい→行きたい」「食べることがほしい→食べたい」という意味になります。

♪16

私はイタリアに行きたいです。　　私はピザを食べたいです。

相手のことをたずねる

相手の好きなものやしたいことをたずねる言い方

> ここで
> **学習**
> すること
>
> 相手の好きなものをたずねたり，相手のしたいことをたずねたりするときに使える
> フレーズを復習します。

1 好きなものをたずねる

「あなたは〜が好きですか。」は**Do you like 〜?**でたずねます。
What 〜 do you like?は「何の〜が好きですか。」という意味です。

あなたは動物が好きですか。— はい，好きです。　　あなたは何の動物が好きですか。— 私はねこが好きです。

2 したいことをたずねる

What do you want to do?（あなたは何をしたいですか。）
で，相手のしたいことをたずねることができます。

あなたは何をしたいですか。— 私はテニス部に入りたいです。

S スピーキング いろいろな好みを
たずねる

What 〜 do you like?を使っ
て，相手のいろいろな好みをたずね
ることができます。

・**What color do you like?**
（あなたは何色が好きですか。）

・**What sport do you like?**
（あなたは何のスポーツが好きです
か。）

・**What food do you like?**
（あなたは何の食べ物が好きです
か。）

■ 参考 「何になりたいですか。」

「あなたは何になりたいですか。」は
What do you want to be?
でたずねます。

・**What do you want to be
in the future?**
（あなたは将来何になりたいです
か。）

—**I want to be a doctor.**
（私は医師になりたいです。）

5　教室で使われる英語

英語の授業でよく使われる英語

ここで　学習　すること　中学校の英語の授業は英語で行われるのが基本です。授業中の先生からの指示なども，基本的にはすべて英語で行われることになります。
ここでは，教室でよく使われる英語を紹介します。

1　授業の始まり

♪19

> Good morning, everyone.

> Good morning, Mr. Smith.

おはよう，みなさん。

おはようございます，スミス先生。

♪20

> Have a seat.

着席。

♪21

> OK, let's get started.

さあ，始めましょう。

✓確認　基本的なあいさつ

Good morning.（おはようございます。）やGood afternoon.（こんにちは。）以外に，How are you?（元気ですか。）で始まるやりとり（→p.27）をすることもあります。

先生：How are you?
（元気ですか。）

生徒：I'm fine, thank you. And you?
（元気です，ありがとうございます。先生はいかがですか。）

先生：I'm fine, thank you.
（元気です，ありがとう。）

> 中学校の英語の先生は，なんでも英語でしゃべるんだよね…

2 いろいろな指示

先生が生徒に出す英語の指示には，次のようなものがあります。

Open your books to page 30. ♪22
教科書の30ページを開きなさい。

Close your books. ♪23
教科書を閉じなさい。

Raise your hand. ♪24
手をあげて。

Repeat after me. ♪25
私のあとについて言いなさい。

Look at me. ♪26
私を見なさい。

Listen to me carefully. ♪27
私の言うことをよく聞きなさい。

Come to the front. ♪28
前に来なさい。

Make pairs. ♪29
ペアになって。

■ 参考 そのほかの指示

先生が生徒に出す指示には，次のようなものもあります。

・Look at this picture.
（この絵を見なさい。）
・Look at the board.
（黒板を見なさい。）
・Put down your pencils.
（鉛筆を置きなさい。）
・Read the textbook aloud.
（教科書を声に出して読みなさい。）
・Write this down.
（これを書きなさい。）
・Go back to your seat.
（席に戻りなさい。）
・Make groups of four.
（4人のグループを作りなさい。）
・Quiet, please.
（静かにしなさい。）
・Let's give him [her] a big hand.
（彼 [彼女] に拍手しましょう。）

S スピーキング 先生への質問

先生に質問するときは，次のような表現が役立ちます。

・I have a question.
（質問があります。）
・What does "favorite" mean?
（favorite とはどういう意味ですか。）
・How do you say "nemui" in English?
（英語で「眠い」とはどう言うのですか。）

6 アルファベット（ブロック体）

アルファベットのブロック体の書き方と，アルファベットの発音

ここで **学習** すること

英語で使われる文字をアルファベット（alphabet）といいます。アルファベットは全部で26文字あり，それぞれに大文字と小文字があります。手で書くときによく使われるブロック体（楷書体）の書き方を覚えましょう。また，音声を聞いて読み方も確認しましょう。

※アルファベットの正しい字形は1つに決まっているわけではありません。教科書等によって異なることがあります。

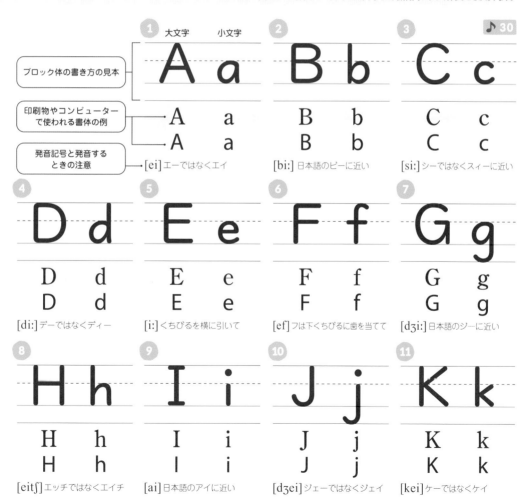

	大文字	小文字				♪30

1

ブロック体の書き方の見本
印刷物やコンピューターで使われる書体の例
発音記号と発音するときの注意

A a
A a
A a
[ei] エーではなくエイ

2
B b
B b
B b
[bi:] 日本語のビーに近い

3
C c
C c
C c
[si:] シーではなくスィーに近い

4
D d
D d
D d
[di:] デーではなくディー

5
E e
E e
E e
[i:] くちびるを横に引いて

6
F f
F f
F f
[ef] フは下くちびるに歯を当てて

7
G g
G g
G g
[dʒi:] 日本語のジーに近い

8
H h
H h
H h
[eitʃ] エッチではなくエイチ

9
I i
I i
I i
[ai] 日本語のアイに近い

10
J j
J j
J j
[dʒei] ジェーではなくジェイ

11
K k
K k
K k
[kei] ケーではなくケイ

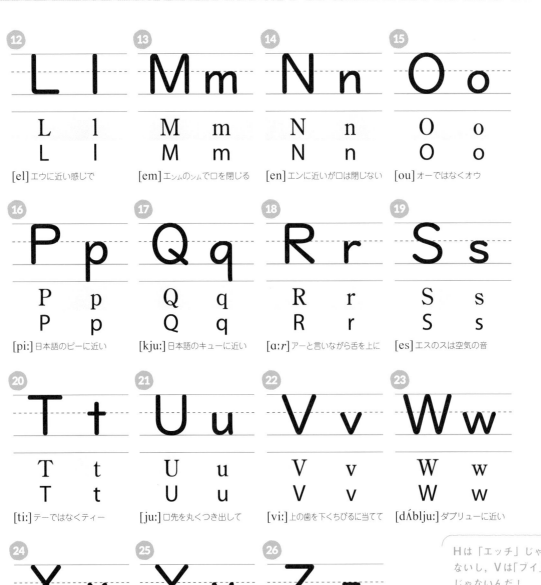

12 L l
L l
L l
[el] エウに近い感じで

13 M m
M m
M m
[em] エンムのンムで口を閉じる

14 N n
N n
N n
[en] エンに近いが口は閉じない

15 O o
O o
O o
[ou] オーではなくオウ

16 P p
P p
P p
[pi:] 日本語のピーに近い

17 Q q
Q q
Q q
[kju:] 日本語のキューに近い

18 R r
R r
R r
[ɑ:r] アーと言いながら舌を上に

19 S s
S s
S s
[es] エスのスは空気の音

20 T t
T t
T t
[ti:] テーではなくティー

21 U u
U u
U u
[ju:] 口先を丸くつき出して

22 V v
V v
V v
[vi:] 上の歯を下くちびるに当てて

23 W w
W w
W w
[dʌ́blju:] ダブリューに近い

24 X x
X x
X x
[eks] エクスのクスは空気の音

25 Y y
Y y
Y y
[wai] 日本語のワイに近い

26 Z z
Z z
Z z
[zi:] ズィーに近い音

Hは「エッチ」じゃないし，Vは「ブイ」じゃないんだ！

7 アルファベット（筆記体）

アルファベットの筆記体の書き方

ここで **学習** すること

筆記体は文字と文字をつなげて書かれる書体で，おもに署名（サイン）などで使われます。中1の最初の段階で筆記体を書ける必要はありませんが，自分の興味に応じて学習しましょう。（筆記体は，授業で扱われない場合があります。）

※アルファベットの字形や筆順は1つに決まっているわけではありません。教科書等によって異なることがあります。

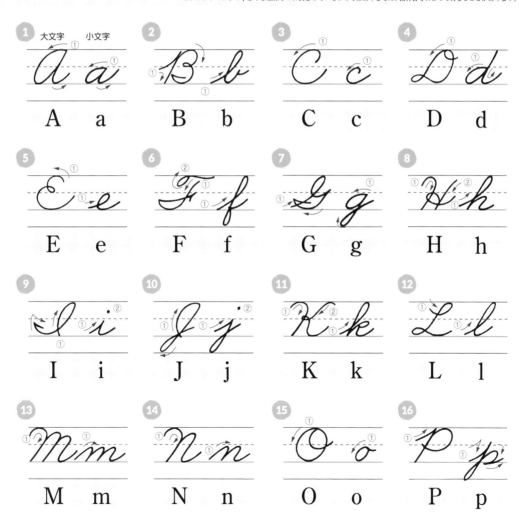

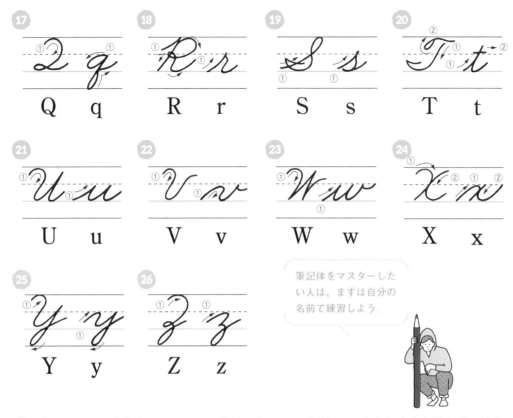

筆記体をマスターしたい人は，まずは自分の名前で練習しよう。

筆記体はブロック体とちがい，1つの単語の中では，原則として文字と文字を離さずに続けて書きます。例えばdeskと書く場合は，deskの4文字を書く間は，ペン先を紙から離しません。

小文字のbとf，gとq，uとv，大文字のIと小文字のlなどは形が似ているので注意しましょう。

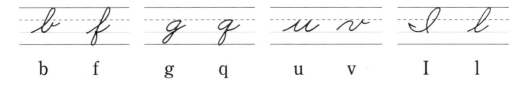

2章

英語の基礎知識

1 英文の書き方

英語の単語や英文の正しい書き方

```
ここで
学 習
すること
```
> 大文字と小文字の使い分けや，符号の使い方など，英語で単語や文を書くときの基本的なルールを学習します。

1 単語の書き方

▶ 文字と文字の間はくっつけすぎても，あけすぎてもいけません。

○よい例	×悪い例（くっつけすぎ）	×悪い例（あけすぎ）
apple	apple	a p p l e

▶ **人名や地名**など，固有名詞の最初の文字は大文字で書きます。

「田中美樹」
Tanaka Miki

「ロバート」（男性の名前）
Robert

「札幌」
Sapporo

「ニューヨーク」
New York

「日本」
Japan

「カナダ」
Canada

▶ **曜日**の名前と**月**の名前の最初の文字は大文字で書きます。

「日曜日」
Sunday

「4月」
April

■ 参考 名前の順序

　日本人の名前は，日本語に合わせて〈姓＋名〉の順で表すやり方と，英語を使う国に合わせて〈名＋姓〉の順で表すやり方があります。
・Tanaka Miki（姓＋名）
・Miki Tanaka（名＋姓）

くわしく 2語以上の固有名詞

　2語以上でできている人名や地名は，すべての単語の最初の文字を大文字にします。
・Sakura High School
（さくら高校）

② 英文の書き方

▶ 文の最初の文字は**大文字**にします。

▶ 単語と単語の間はくっつけずに，小文字１文字分くらいのスペースをあけて書きます。

▶ 文の最後には**ピリオド**（.）をつけます。ピリオドの前にはスペースは入れず，ピリオドのあとにスペースを入れます。

▶ 人名や地名などの固有名詞・曜日名・月名の最初の文字は，文の最初でなくても，いつも大文字にします。

「私の名前は佐藤恵美です。」

└ 文の最初　　└ 単語と単語の　　　　　　　└ 固有名詞の最初　　└ 文の終わり
　は大文字　　　間にスペース　　　　　　　　の文字は大文字　　　にピリオド

▶ 疑問文（たずねる文）の終わりには，ピリオドではなく**クエスチョン・マーク**（?）をつけます。

▶ YesやNoのあとには**コンマ**（,）をつけます。（YesやNoだけで文が終わるときには，コンマではなくピリオド（.）をつけます。）

▶「私は」の意味のIは，文の最初でなくても，いつも大文字で書きます。

「あなたはリサですか。」

└ 疑問文の終わりはクエスチョン・マーク┘

「はい，そうです。」

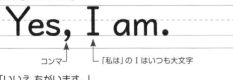

└コンマ　　└「私は」のＩはいつも大文字

「いいえ，ちがいます。」

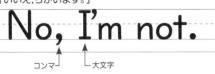

└コンマ　　└大文字

ほかの人が読みやすい英語を書けるようになろう。

W ライティング **パソコンで英文を入力するとき**

パソコンで英文を書くときは次の点に注意しましょう。

・「半角英数」モードで入力します。スペースや記号も含めて，全角の文字は一切使わないのが基本です。

・単語と単語の間には半角スペースを１つ打ちます。コンマやピリオド，クエスチョン・マークのあとにもスペースが必要です。

テストで注意 ピリオドを忘れない

テストでは，英文の最後にピリオドがついていないと減点の対象となります。ピリオドをつけ忘れていないかどうか，見直しをする習慣をつけましょう。

テストで注意 疑問文では「?」を使う

疑問文の終わりにはクエスチョン・マークをつけます。疑問文の終わりをピリオドにしてしまうミスが多いので注意しましょう。

発展 改行のしかた

行を変えるときは，１つの単語を書き終えたところで改行します。単語の途中で改行してはいけません。（ただし印刷物などでは，単語の途中の決められた位置にハイフン（-）を入れて改行することがあります。）

③ 英語の符号

▶ ピリオド

Hello.

Hello.　　Hello.

・ふつうの文（疑問文と感嘆文以外の文）の終わりにつけます。

・省略語で，省略を表す記号として使います。

▶ コンマ（カンマ）

Hi, Ken.

Hi, Ken.　　Hi, Ken.

・文の中での軽い区切りを表します。名前などの呼びかけの語との区切りや，Yes や No のあとなどで使います。

▶ クエスチョン・マーク（疑問符）

Really?

Really?　　Really?

・疑問文の終わりに，ピリオドの代わりにつけます。

▶ エクスクラメーション・マーク（感嘆符）

Good!

Good!　　Good!

・驚きなどの強い感情を表すとき，ピリオドの代わりに使います。

▶ アポストロフィ

I'm

I'm　　I'm

・短縮形で，文字が省略されている部分を表します。

・〈～'s〉の形で「～の」の意味を表します。

▶ クォーテーション・マーク（引用符）

"Yes."

"Yes."　　"Yes."

・日本語の「　」にあたります。人の発言を表すときや，引用するときに使います。

くわしく　省略を表すピリオド

「～さん」の意味で男性につける敬称である Mr. のピリオドは，文の終わりを表すのではなく，省略を表しています（Mister を短縮した表記が Mr.）。「合衆国」の意味の the U.S.（the United States）のピリオドも同じです。

参考　ハイフンの使い方

短いマイナスのような形をしたハイフン（-）という符号は，21（twenty-one）以上の数（→p.99）をつづりで表記するときや，一部の合成語などに使います。ハイフンの左右にはスペースを入れません。

テストで注意　アポストロフィの書き方

アポストロフィの前や後ろにはスペースは入れません。前後の文字とくっつけて書きます。
○he's
×he' s　×he 's

2 英語の発音

つづり字と発音の関係

> **ここで 学習 すること** ⟩ 英語は，文字と発音が1対1で対応しているわけではありません。同じ文字であっても，単語のつづりによってちがう発音を表すことがあります。

日本語のひらがな・カタカナは，1つの文字が1つの音を表しますが，英語のアルファベットはちがいます。

英語では，1つのアルファベットが，いくつかの異なる発音を表すことがあります。前後の文字との関係によって発音が変わるので，ひとつひとつの単語の読み方を確認しながら覚えていくことが大切です。

♪01

□**A** … **April**（4月） **apple**（りんご） **all**（全部の） **about**（〜について）
　　[ei]エイ 　　[æ]アとエの中間 　[ɔː]オー 　　[ə]弱いア

□**E** … **evening**（夕方） **egg**（卵）
　　[iː]イー 　　　　[e]エ

□**I** … **idea**（アイディア，考え） **interesting**（興味深い, おもしろい）
　　[ai]アイ 　　　　　　　 [i]イ

□**O** … **open**（開く） **box**（箱） **love**（愛する）
　　[ou]オウ 　　[ɑ]オに近い，口を開いたア 　[ʌ]短くするどいア

□**U** … **use**（使う） **umbrella**（かさ）
　　[juː]ユー 　　[ʌ]短くするどいア

□**C** … **city**（都市） **cake**（ケーキ）
　　[s]スの子音 　　[k]クの子音

□**G** … **gym**（体育館） **guitar**（ギター）
　　[dʒ]ヂの子音 　　[g]グの子音

> **参考** **つづり（スペリング）**
>
> 英単語をつくるアルファベットの組み合わせを，英単語の「つづり」または「スペリング」といいます。egg（卵）のつづりはe, g, gです。「単語のつづりを覚える」「単語のつづりをまちがえる」などのように使います。

> **発展** **フォニックス**
>
> つづり字と発音の関係には一定の規則性があり，「この文字の組み合わせのときは，この発音になる」というルールを体系的に学ぶしくみをフォニックスといいます。覚えるルールの数は多いですが，つづり字と発音の規則性をつかめば，初めて出会う単語でも，だいたい読めるようになります。

3 英語らしい発音

英語を発音するときに気をつけること

<table>
<tr><td>ここで
学 習
すること</td><td>英語と日本語は，まったく別の言語です。カタカナの発音にならないように気をつけましょう。
アクセントやリズムに気をつけるだけで，ぐっと英語らしくなり，相手にも通じやすくなります。</td></tr>
</table>

1 カタカナ発音をしない

日本語の発音は基本的に「子音＋母音，子音＋母音…」の繰り返しでできています。

一方，英語の単語は子音だけが続いたり，子音だけで終わったりすることがよくあります。

英単語を日本語のカタカナ語のように読んでしまうと，子音のあとに不要な母音が入ってしまいます。音声をよく聞いて，聞こえたままをまねする練習をしてみましょう。

> **日本語（カタカナ語）の場合**
>
> ## ストリート
> [su to ri: to]
>
> 「子音＋母音」の繰り返し
>
> **英語の場合**
>
> ## street
> [stri:t]
>
> 子音のあとに母音が入らない！

♪02

☐ **street** （通り）　カタカナ語の「ストリート[sutori:to]」とはちがう発音。
　[stri:t]　　　　[s][t]と最後の[t]のあとに不要な母音を入れないように。

☐ **basketball** （バスケットボール）　「バスケットボール」とならないように。
　[bǽskitbɔ:l]　　　[s][t]と最後の[l]のあとに母音を入れない。

☐ **hot dog** （ホットドッグ）　「ホットドッグ」とならないように。
　[hát dɔ(:)g]　　　[t]と最後の[g]のあとに母音を入れない。

くわしく 母音

日本語の「ア・イ・ウ・エ・オ」に近い音を母音といいます。日本語の母音は「ア・イ・ウ・エ・オ」の5つですが，英語にはもっと多くの種類があります。

発展 音節とは

単語の中での音の区切りを音節といいます。1つの母音ごとに1つの音節となります。streetという単語は1つの音節だけからできていて，basketballという単語はbas-ket-ballの3音節からできています。

日本語のカタカナ発音は忘れて，聞こえたままを言えばいい。

2 アクセントの位置に注意する

英語では，母音が1つだけの単語は，ふつう母音のところをいちばん強く，長めに発音します。

母音が2つ以上ふくまれる単語の場合には，いちばん強く読む母音（アクセントの位置）は決まっているので，その部分をほかの母音よりも強く発音します。

正しい位置にアクセントを置くことで，ぐんと通じやすくなります。

♪03

□guitar（ギター）
[gitá:r]

□banana（バナナ）
[bənǽnə]

□chocolate（チョコレート）
[tʃák(ə)lət]

□piano（ピアノ）
[piǽnou]

□orange（オレンジ）
[ɔ́(:)rindʒ]

□hamburger（ハンバーガー）
[hǽmbə:rgər]

3 リズムに気をつける

文を読むときにも強弱のリズムがあり，強く読む単語と弱く読む単語の差をつけて読みます。

♪04

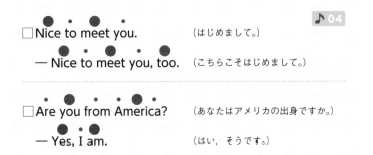

□Nice to meet you.（はじめまして。）

— Nice to meet you, too.（こちらこそはじめまして。）

□Are you from America?（あなたはアメリカの出身ですか。）

— Yes, I am.（はい，そうです。）

くわしく → 第2アクセント

単語の中でもっとも強く読む部分は第1アクセントと呼ばれ，発音記号では母音の上に ´ がついています。3つ以上の音節がある語では，2番目に強く読む部分である第2アクセントが ` の記号で示されている場合があります。

新しい単語を覚えるときは，アクセントの場所もいっしょに覚えるのがコツ。

S スピーキング 🎤 イントネーション（抑揚）

音の高さが高くなったり，低くなったりする変化のことをイントネーション（抑揚）といいます。左の Are you from America? のように Yes/No で答えられる疑問文のときは，最後の部分を上げ調子で読みます。

2章／英語の基礎知識

4 英語の品詞

名詞・動詞・形容詞など

ここで
学習
すること

英語の単語を，その単語の文中での働きによって分類したものを品詞といいます。
いろいろな品詞の働きを整理します。

1 名詞

名詞は，ものや人の名前を表す語です。

例
cat（ねこ）	book（本）	water（水）
music（音楽）	Japan（日本）	Tom（トム） など

名詞には，数えられる名詞（可算名詞）と数えられない名詞（不可算名詞）があります。（→ p.97）

Japanのような地名や，Tomのような人名は固有名詞といいます。

2 代名詞

代名詞は，名詞の代わりに使われる語です。

例
he（彼（は））	she（彼女（は））	it（それ）
this（これ）	that（あれ）	something（何か） など

I, you, he, she, it, we, they の7つは人称代名詞と呼ばれ，文中での働きによってI－my－meのように形が変化します。

this（これ）, **that**（あれ）, **these**（これら）, **those**（あれら）は，ものを直接指すときに使われます（指示代名詞と呼ばれます）。

mine（私のもの）や**yours**（あなたのもの）は1語で「～のもの」という意味を表します（所有代名詞と呼ばれます）。

参考 辞典のCUの記号

英和辞典で名詞をひくと，辞典によってはCUのようなマークが書かれていることがあります。Cは数えられる名詞（countable noun），Uは数えられない名詞（uncountable noun）を表しています。

参考 whatも代名詞

「何」という意味のwhatや，「だれ」という意味のwhoも代名詞（疑問代名詞）です。（ただし，「何の」の意味で使われるWhat time ～?などのwhatは形容詞です。）

発展 代名詞のone

代名詞のoneは〈a＋名詞〉と同じ働きをして，前に出た不特定の名詞を受ける代名詞です。

・I lost my pen. Do you have one (=a pen)?
（私はペンをなくしました。あなたは1本持っていますか。）

3　　動詞

動詞は，「～する」のように，おもに動作を表す語です。**be動詞**と**一般動詞**に分けられます。

原則として，英語の文は主語と動詞があって成り立ちますので，動詞は文の骨組みとなる大切な品詞です。

> 例　am, are, is（be動詞）　　go（行く）　　run（走る）
> 　　like（好きである）　have（持っている）　think（考える）　など

be動詞（am, are, is）はイコールの働きをする動詞です。（→ p.52）be動詞以外の動詞が一般動詞です。一般動詞のうち，go や run などは動作を表し，like や have などは状態を表します。

4　　助動詞

助動詞は，can（～できる）のように，動詞といっしょに使って，動詞にいろいろな意味をつけ加える語です。おもに話し手の判断を表す働きをします。

5　　形容詞

形容詞は，名詞を修飾する語です。人やものの様子や状態，数や量などを表します。

> 例　good（よい）　　big（大きい）　　happy（幸せな）
> 　　new（新しい）　white（白い）　　all（すべての）　など

形容詞は，a big dog（大きな犬）のように名詞の前で使われるほかに，That dog is big.（あの犬は大きい。）のように be動詞のあとでも使われます。

発展　目的語，自動詞，他動詞

動詞のうち，あとに目的語（「～を」にあたる語）を必要としない（目的語をとらない）ものを自動詞といい，あとに目的語を必要とする（目的語をとる）ものを他動詞といいます。

〈自動詞〉
・He came.（彼が来ました。）
・The door opened.（ドアが開きました。）

〈他動詞〉（下線部が目的語）
・He plays tennis.（彼はテニスをします。）
・I opened the door.（私はドアを開けました。）

参考　do, does

一般動詞の否定文や疑問文をつくるときに使う do や does も文法上は助動詞に分類されます。ただし否定文や疑問文をつくる働きをしているだけで，can とちがって意味はありません。

6 副詞

副詞は，名詞以外を修飾する語です。

例　now （今）　　　here （ここに）　　　well （上手に）
slowly （ゆっくりと）　hard （一生懸命に）　always （いつも）　など

副詞は，I'm busy <u>now</u>. （私は<u>今</u>，忙しい。）やHe walks <u>slowly</u>.（彼は<u>ゆっくり</u>歩きます。），She studies <u>hard</u>. （彼女は<u>一生懸命に</u>勉強します。）のように動詞を修飾したり，文全体に意味をつけ加えたりします。

頻度を表す副詞

always （いつも）　　　　　usually （たいてい）
often （よく，しばしば）　　sometimes （ときどき）

頻度を表す副詞は，I <u>usually</u> get up at six. （私は<u>たいてい</u>6時に起きます。）のように一般動詞の前でよく使われます。

7 前置詞

前置詞は，名詞や代名詞の前に置く語です。〈前置詞＋名詞〉の形で，時・場所・方向・手段などを表します。

時を表す前置詞の使い分け

～年に	in	in 2023 （2023年に）
～月に		in May （5月に）
（季節）に		in summer （夏に）
～日に	on	on May 1 （5月1日に）
～曜日に		on Sunday （日曜日に）
～時に	at	at 9:15 （9時15分に）
～の前に	before	before lunch （昼食前に）
～のあとに	after	after dinner （夕食後に）

くわしく いろいろな副詞

同じ形で，形容詞としても副詞としても使われる語もあります。
・fast （形速い，副速く）
・late （形遅い，副遅く）
　また，形容詞にlyをつけると副詞になるものもあります。
・slow （形ゆっくりした）
・slowly （副ゆっくりと）
・careful （形注意深い）
・carefully （副注意深く）
　very goodのveryのように，形容詞を修飾する副詞もあります。

くわしく 頻度を表す副詞の位置

be動詞の文では，alwaysなどの副詞はbe動詞のあとで使われるのがふつうです。
・He is always late.
　（彼はいつも遅刻です。）

参考 時を表すいろいろな前置詞

for：時間の長さについて「（～分）間」，「（～日）間」など
・walk <u>for</u> ten minutes
　（10分間歩く）
・stay there <u>for</u> two weeks
　（そこに2週間滞在する）
until：「～までずっと」
・wait until ten
　（10時まで待つ）
by：「～までに」
・come back by ten
　（10時までに戻ってくる）

場所を表す前置詞の使い分け

~の中に	in	in the box（箱の中に[で]）
		in the kitchen（台所に[で]）
		in Japan（日本に[で]）
~の上に ~に接触して	on	on the table（テーブルの上に[で]）
		on the wall（壁に（くっついて））
~のところに	at	at the door（ドアのところに[で]）
		at the bus stop（バス停に[で]）

参考 場所を表すいろいろな前置詞

- from：「~から」
- to：「~まで」「~へ」
- near：「~の近くに」
  near my house
  （私の家の近くに）
- around：「~のまわりに」
  around my house
  （私の家のまわりに）
- in front of：「~の前に」
  in front of the door
  （ドアの前に）

8 接続詞

接続詞は，単語と単語や，単語のまとまりどうしをつなぐ語です。

例 and（~と~，そして）　　but（しかし）　　or（~か~，~または~）

A and B で「A と B」，A or B で「A か B かどちらか」という意味を表します。

9 冠詞（a と the の使い分け）

a（母音の前では **an**）と **the** が冠詞です。（a や an を不定冠詞，the を定冠詞と言います。）

どれなのかを特定せずに，「いくつかある中の（どれでも）1つ」と言うときには a（母音で始まる語の前では an）を使います。

a は「（ある）**1つの**」という意味です。a をつけることができるのは，数えられる名詞だけです。（ ▸p.97）

テストで注意 不要な a や the をつけない

「~の」を表す語 my / your / his や，this / that などをつける場合には，a も the もつけません。
× This is a my bag.

a の意味

- I want <u>a</u> red car.
  （私は〈あらゆる赤い車の中の，どれでもいいので1台の〉赤い車がほしい。）
- My mother is <u>a</u> teacher.
  （私の母は〈世界に何人もいる先生の中の，ある1人の〉先生です。）

一方で，すでに一度話に出てきて，「どれのことを言っているのか1つに決まっている」ものにはtheを使います。theは**「その」**のような意味です。

---

the の意味

- I want <u>the</u> red car.
  （私は〈さっきの話に出てきた，ほかでもない例のその〉赤い車がほしい。）
- My mother is <u>the</u> teacher.
  （私の母が〈さっきの話に出てきた，例のその〉先生です。）

もともと1つしかないものにもthe を使います。

> 例　the sun（太陽）　　the first train（最初の電車）

「～というもの」の意味で，種類全体をまとめてさすときには，a も the も使わずに複数形を使うのがふつうです。

- I like cats.（私はねこ〈というもの全般〉が好きです。）
- Elephants drink a lot of water.
  （ゾウ〈というもの全般〉はたくさんの水を飲みます。）

次の決まった表現では，a も the もつけない形が使われます。

- go to school（学校に行く〈通学する〉）
- watch TV（テレビ〈の番組〉を見る）　・by bus（〈交通手段〉バスで）
- have breakfast / lunch / dinner（朝食 / 昼食 / 夕食を食べる）

---

⑩　間投詞

間投詞は，驚きや喜びなどの感情や，呼びかけなどを表す語です。

> 例　oh（おお，ああ）　　hi（やあ）　　wow（まあ，おお）

くわしく ─ the をつける場合

一度話に出てきたものだけでなく，状況からお互いに「どれのことを言っているのか1つに決まっている」場合にもthe を使います。
- Please open the door.
  （〈あなたの目の前の，その〉ドアを開けてください。）
- My mother is in the kitchen.（私の母は〈私の家の〉台所にいます。）

参考　いろいろなthe

「楽器を演奏する」と言うときは，多くの場合，楽器名の前にthe をつけます。
- play the piano
  （ピアノを弾く）
また，first, secondのような序数にもふつうthe をつけます。

3 章

I'm ~. / You're ~.

1

I am ～.

「私は～です」と言うときの文

基本例文

I'm Yumi.

(私は由美です。)

♪01

ここで
学習
すること

> 「私は～です」はI am ～.で表します。
>
> **I am Yumi.** (私は由美です。)
>
> ↳ amは, I(私)とYumiをイコール(＝)で結ぶ働き

---

1 I am ～.の文

「私は～です」はI am ～.で表します。I amは, 短縮形の**I'm**がよく使われます。

Iは「私(は)」という意味です。amはbe動詞と呼ばれ, 前後をイコールで結ぶ働きをします。

I am Ken.	(私は健です。)
I'm Sato Aki.	(私は佐藤亜紀です。)

♪02

2 出身を表すfrom

「私は～出身です」と出身地を言うときは, I am **from** ～.で表します。

I'm from Tokyo.	(私は東京の出身です。)
I'm from Hokkaido.	(私は北海道の出身です。)

♪03

✔**確認** **短縮形の符号**

省略した文字の代わりに使う(')の符号をアポストロフィと言います。

くわしく be動詞とは

am・are・isは, beというひとつの動詞が変化したものなのでbe動詞と呼ばれます。

> 「私(は)」の意味のIは, 文の途中でも大文字で書くよ

くわしく fromの意味

fromは, 「…から」「…からの」という意味の前置詞 (→p.48) です。

2 You are 〜.

「あなたは〜です」と言うときの文

基本例文

You are busy.

（あなたは忙しい。）

「あなたは〜です」は You are 〜. で表します。

You are busy. （あなたは忙しい。）

↳ are は，you（あなた）と busy（忙しい）をイコールで結ぶ働き

　「あなたは〜です」は **You are 〜.** で表します。You are は，短縮形の **You're** がよく使われます。

　you は「あなた（は）」という意味です。are は am と同じ be 動詞で，前後をイコールで結ぶ働きをします。

You are tall.　　　　　（あなたは背が高い。）　♪ 05
You're kind.　　　　　（あなたは親切です。）

　主語が you のときは，be 動詞は are を使います。×You *am* 〜. とは言いません。

> **くわしく　主語とは**
>
> 　I am 〜.（私は〜です）の I や You are 〜.（あなたは〜です）の you のように，文の中で「〜は」にあたる語を主語と言います。

✔ チェック問題

次の＿＿に適する語を入れましょう。

(1) 私は由貴です。

　　I ＿＿＿＿＿＿ Yuki.

(2) あなたはとても忙しい。

　　You ＿＿＿＿＿＿ very busy.

(3) 私は日本の出身です。

　　I'm ＿＿＿＿＿＿ Japan.

　　　　　　解　答

(1)　am

(2)　are

(3)　from

3 I am ～. / You are ～.の否定文

「私は～ではありません」「あなたは～ではありません」という文

♪ 06

基本例文

I'm **not** Lisa.

（私はリサではありません。）

ここで **学習** すること

「私は～ではありません」「あなたは～ではありません」と言うときは，am や are のあとに not を入れます。

| ふつうの文 | **I am**   **Lisa.** | （私はリサです。） |

⬇ am や are のあとに not を入れる

| 否定文 | **I am not Lisa.** | （私はリサではありません。） |

1 否定文とは

「～ではありません」のように打ち消す（否定する）文のことを否定文（ていぶん）と言います。これに対して，「～です」という意味のふつうの文のことは肯定文（こうていぶん）と言います。「私はリサです。」は肯定文で，「私はリサではありません。」は否定文です。

2 I am ～.の否定文

「私は～ではありません」は，am のあとに not を入れて **I am not ～.** で表します。短縮形の **I'm not ～.** もよく使われます。

| I am Sam. | （私はサムです。） | |
| I am not Sam. | （私はサムではありません。） | ♪ 07 |

| I'm Kate. | （私はケイトです。） |
| I'm not Kate. | （私はケイトではありません。） |

notは「～てない」という意味だよ。

テストで注意 amn'tという形はない！

× *amn't* という短縮形はありません。短縮するときは，I'm not の形にします。
○ I'm not Yuri.
× I *amn't* Yuri.

3 You are ～.の否定文

「あなたは～ではありません」は，areのあとにnotを入れてYou are not ～.で表します。

You are Akira. （あなたは明です。）♪08
You are not Akira. （あなたは明ではありません。）

> am, areのあとにnotを入れれば否定文になるんだ

You are not ～.には2種類の短縮形があります。

ひとつはyou areの短縮形you'reを使った**You're not ～.**で，もうひとつはare notの短縮形aren'tを使った**You aren't ～.**です。どちらの形を使ってもかまいません。

You're not busy. （あなたは忙_{いそが}しくありません。）♪09
You aren't busy. （あなたは忙しくありません。）

▌ 参考　複数の主語

youだけでなく，主語が複数の場合にもbe動詞はareを使います。（→p.74）

✓チェック問題

次の＿＿に適する語を入れましょう。

(1) 私は恵子ではありません。

I ＿＿＿＿＿＿ ＿＿＿＿＿＿ Keiko.

(2) 私は山形の出身ではありません。

I'm ＿＿＿＿＿＿ from Yamagata.

(3) あなたはひとりぼっちではありません。

＿＿＿＿＿＿ not alone.

＿＿＿＿ 解　答 ＿＿＿＿

(1) am, not

(2) not

(3) You're

　▶You areの短縮形が入る。

55

4 Are you 〜？

「あなたは〜ですか」とたずねる文とその答え方

♪ 10

基本例文

Are you thirteen?

（あなたは13歳ですか。）

ここで
学習
すること

「あなたは〜ですか」とたずねるときは，Are you 〜？で表します。

| ふつうの文 | **You are thirteen.** （あなたは13歳です。）|

たずねるときはAreで始める

| 疑問文 | **Are you thirteen?** （あなたは13歳ですか。）|
| 答え方 | **Yes, I am.** （はい。）／ **No, I am not.** （いいえ。）|

1 疑問文とは

「〜ですか」のようにたずねる文（質問する文）のことを**疑問文**と言います。ふつうの文や否定文の最後にはピリオド（.）をつけますが，疑問文の最後にはピリオドのかわりにクエスチョン・マーク（?）をつけます。

2 You are 〜. の疑問文

「あなたは〜ですか」とたずねるときは，be動詞のareで文を始めて，**Are you 〜？**の形を使います。

| You are Mari. | （あなたは真里です。）| ♪ 11 |
| Are you Mari? | （あなたは真里ですか。）|

| You're from Canada. | （あなたはカナダの出身です。）|
| Are you from Canada? | （あなたはカナダの出身ですか。）|

テストで
注意 **文末の「?」を忘れない!**

疑問文の最後には，必ずクエスチョン・マーク（?）をつけます。つけ忘れないようにしましょう。

56

③ (**Are you ～?への答え方**)

Are you ～?（あなたは～ですか。）の疑問文に対しては，**Yes, I am.**（はい，そうです。）または**No, I am not.**（いいえ，ちがいます。）で答えます。短縮形を使って，**No, I'm not.**と答えることもできます。

YesやNoのあとには必ずコンマ（ , ）を入れます。

♪12

Are you from America?	（あなたはアメリカの出身ですか。）
— Yes, I am.	（はい，そうです。）

Are you Rick?	（あなたはリックですか。）
— No, I'm not.	（いいえ，ちがいます。）

テストで
注意 **Yesのときは短縮形不可**

Yesの答えのときには，Yes, *I'm.* のように短縮形を使うことはできません。
- ○ Yes, I am.
- × Yes, *I'm.*

発展 **Am I ～?**

あまり使われませんが，「私は～ですか。」とたずねる疑問文はAm I ～?という形になります。
・Am I late?（私は遅刻ですか。／遅れてしまいましたか。）
— No, you're not.（いいえ，ちがいますよ。）

☑チェック問題

次の＿＿に適する語を入れましょう。

(1) あなたはオーストラリアの出身ですか。

＿＿＿＿＿＿＿ ＿＿＿＿＿＿＿ from Australia?

(2) はい，そうです。〔(1)の答え〕

＿＿＿＿＿＿＿, I ＿＿＿＿＿＿＿.

(3) いいえ，ちがいます。〔(1)の答え〕

＿＿＿＿＿＿＿, ＿＿＿＿＿＿＿ not.

次の日本語を英語にしましょう。

(4) あなたはエイミー（Amy）ですか。 — はい，そうです。

＿＿＿＿＿＿＿＿＿＿＿＿＿＿＿＿

— ＿＿＿＿＿＿＿＿＿＿＿＿＿＿

(5) あなたはジム（Jim）ですか。 — いいえ，ちがいます。

＿＿＿＿＿＿＿＿＿＿＿＿＿＿＿＿

— ＿＿＿＿＿＿＿＿＿＿＿＿＿＿

	解 答	

(1) Are, you

(2) Yes, am

(3) No, I'm

(4) Are you Amy?

Yes, I am.

(5) Are you Jim?

No, I'm not. / No, I am not.

▶I *amn't* という短縮形はないので注意。

定期テスト予想問題 ①

時間 ▶ 40分
解答 ▶ p.252

得点 　　／100

1 音声を聞いて，音声の内容に合うものを選び，記号に○をつけなさい。　【6点×3】

　♪13

(1) ア　健二は東京の出身だ。

　　イ　健二は東京の出身ではない。

(2) ア　エイミーは忙しい。

　　イ　エイミーは忙しくない。

(3) ア　ジョーンズさんはアメリカの出身だ。

　　イ　ジョーンズさんはアメリカの出身ではない。

2 次の文を大文字・小文字・符号に注意して，正しい英文に書き直しなさい。　【5点×3】

(1) i am ken 　＿＿＿＿＿＿＿＿＿＿＿＿＿＿＿＿＿＿＿

　　（私は健です。）

(2) are you emi 　＿＿＿＿＿＿＿＿＿＿＿＿＿＿＿＿＿＿

　　（あなたは恵美ですか。）

(3) yes i am 　＿＿＿＿＿＿＿＿＿＿＿＿＿＿＿＿＿＿＿＿

　　（はい，そうです。）

3 大文字・小文字に気をつけて，＿＿＿＿ にamかareを入れなさい。　【5点×3】

(1) I ＿＿＿＿＿＿＿＿＿ Junko.

　　（私は純子です。）

(2) You ＿＿＿＿＿＿＿＿＿ Yumi.

　　（あなたは由美です。）

(3) ＿＿＿＿＿＿＿＿＿ you Mr. Brown?

　　（あなたはブラウンさんですか。）

4 次の日本文に合う英文になるように，_____ に適する語を書きなさい。　　　　【5点×4】

(1) あなたは田中先生です。　　_____ _____ Ms. Tanaka.

(2) あなたはリサですか。　　_____ _____ Lisa?

(3) いいえ，ちがいます。[(2)の答え]　　No, _____ _____ .

(4) 私は佐藤健ではありません。　　_____ _____ Sato Ken.

5 次の[　]内の語を並べかえて，日本文の意味を表す英文をつくりなさい。　　【6点×3】

(1) [am, Ikeda, Kumi, I].　　（私は池田久美です。）

_____

(2) [Tokyo, from, I'm].　　（私は東京の出身です。）

_____

(3) [not, I, Yuji, am].　　（私は雄二ではありません。）

_____

6 次は，隆史が自己紹介をしている場面です。隆史になったつもりで，_____ に適する語を入れなさい。　　【7点×2】

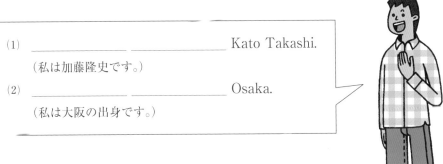

(1) _____ _____ Kato Takashi.
（私は加藤隆史です。）

(2) _____ _____ Osaka.
（私は大阪の出身です。）

中学生のための
勉強・学校生活アドバイス

英語のノートの取り方

 「英語のノートって何冊使ってる？」

 「え？　何冊って？　これ1冊だよ。」

 「授業の板書用と，自習用の最低2冊は用意しなきゃ！」

 「Great!　自習用のノートを見せてみて。」

 「これです。自習用は家で問題集を解くときに使ってるんだ。」

 「ということは，答えを書いて丸つけするだけ？　私は余った紙とかにやって，丸つけしたら捨ててるけど…。」

 「解いて丸つけして…は，第1ステップだよ。**間違えた問題をこうやって書き出して解き直し**するのが第2ステップ。」

 「まだ続きがあるの？」

 「第3ステップは最後の仕上げ。**その日のノートを全て音読**するんだ。」

 「詰まらずに音読できれば，その内容が本当に理解できたってことだものね。」

 「問題をただ解くだけじゃなくて，解き直して最後に音読かあ！　そんなに丁寧にやったことなかった！」

 「丁寧だけど，やってみると大した手間ではないんだ。でも，問題集で得られる効果がぐんと上がって効率よく力がつくよ。」

 「確かに。私のいままでのやり方は，なんか勉強したことが定着してない感じだった。」

 「それに，作ったノートは**形として残るから，達成感も得られる**わ。自信がついて，ますます英語の勉強のやる気が出るわよ。」

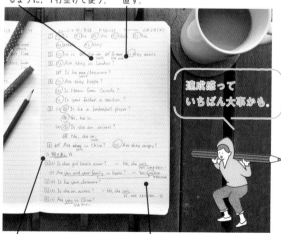

丸つけのときに正解が書けるように，1行空けて使う。

間違いは赤のペンで直す。

達成感っていちばん大事かも。

解き直しは青のペンでする。

間違えた理由を赤で書いておく。

4章

This is 〜. / That is 〜.

1 my, your など

「〜の」を表す代名詞（所有格）のうち基本的なもの

・**my** book　　・**your** bike

（私の本）　　　　（あなたの自転車）

ここで
学 習
すること

「私の〜」は my 〜，「あなたの〜」は your 〜，「私たちの〜」は our 〜で表します。

my book （私の本）　**your** book （あなたの本）　**our** book （私たちの本）

私の　　　　　　　あなたの　　　　　　　私たちの

1　my, your, our

「私の本」「私の家」「私の母」のように「私の〜」と言いたいときは，名詞の前に **my** をつけます。

「あなたの〜」は **your**，「私たちの〜」は **our** で表します。

my mother	（私の母）	♪02
your desk	（あなたの机）	
our house	（私たちの家）	

2　〜's

「健の本」「美佐の家」のように，具体的な名前をあげて「だれだれの〜」と言いたいときは，名前のあとに **'s**（アポストロフィとs）をつけます。

Ken's book	（健の本）	♪03
Misa's house	（美佐の家）	

くわしく 名詞とは

book（本），bike（自転車），mother（母）のように，物の名前を表す語を名詞と言います。（→p.46）

テストで注意 my のあとには名詞が必要!

my, your, our のあとには名詞が必要なので，「これは私のです。」のつもりで ×This is *my*. などと言うことはできません。This is my book.のように，名詞といっしょに使います。

発展 複数形「の」

名詞の複数形（→p.94）は s で終わりますが，この場合は，アポストロフィ（'）だけを語尾につければ「〜の」の意味になります。

・teachers' room

（先生たちの部屋→職員室）

2 ａと an

不定冠詞 a, an

> 基本例文 ♪04
>
> ・**a** book
> （（1冊の）本）
>
> ・**an** apple
> （（1つの）りんご）

> ここで
> **学 習**
> すること
>
> 数えられる名詞の前には，ａまたは an をつけます。
> **a** book （（1冊の）本） **a** student （（1人の）生徒） **an** egg （（1個の）卵）
> ⤴ 母音の前では an

1 ａをつける場合

1つ，2つ…のように数を数えられるものが「1つ」あるときには，その名詞の前に**a**をつけます。このaは「1つの」という意味ですが，ふつうはわざわざ日本語に訳す必要はありません。

a chair （（1つの）いす） **a** student （（1人の）生徒） ♪05

myやyourを使うときには，aはつけてはいけません。×*a my* bookや×*my a* bookはまちがいです。

2 anをつける場合

次にくる語の最初の音が**母音**（「アイウエオ」に近い音）のときだけ，aの代わりに**an**を使います。

an apple （りんご） **an** umbrella （かさ） **an** egg （卵） ♪06
an animal （動物） **an** orange （オレンジ） **an** ant （あり）

> **くわしく** aをつけない語
>
> aとanは，次の語といっしょに使うことはできません。
> ・my, your, our, Ken'sなど，「～の」を表す語
> ・the
> また，数えられない名詞（→p.97）や複数形（→p.94）にもaやanはつけません。

> **スピーキング** anはつなげて発音する
>
> 〈an＋名詞〉は，an apple［アナーポウ］, an orange［アノーリンジ］のように，anのnと次の母音をつなげて発音します。

3 形容詞

名詞を修飾する形容詞の働き

♪07

> **基本例文**
> ・a **big** house ・our **new** friend
> （大きい家）　　　　　　　　　　　　　　　　　　　（私たちの新しい友達）

> **ここで
> 学習
> すること**
>
> 形容詞が名詞を修飾するときは，名詞のすぐ前につけます。
> a big house　（大きな家）　　an old clock　（古い時計）
> 　↑形容詞　↑名詞
> my new bike　（私の新しい自転車）

1 形容詞とは

「大きい家」「よい本」「古いカメラ」のように，名詞を修飾することばを形容詞と言います。

名詞に形容詞をつけるときは，形容詞は名詞のすぐ前につけます。（aやmyなどを使うときは，形容詞はそのあとに入れます。）

> a good book（よい本）　　an old camera（古いカメラ）　♪08
> my favorite subject（私の大好きな教科）

2 be動詞のあとの形容詞

形容詞は，名詞の前だけでなく，I'mやYou'reなどの〈**主語＋be動詞**〉のあとでも使います。

> I'm busy.　　　　　　　　（私は忙しい。）　　　　♪09
> I'm hungry.　　　　　　　（私はおなかがすいています。）

上の文の形容詞（busy, hungry）は，主語（I）を説明しています。

くわしく　修飾とは

ある語句が，ほかの語句に何らかの情報をプラスすることを「修飾する」と言います。「飾る」という意味です。a big houseのbigは，houseに「大きい」という情報をプラスしています。

> ×*big a* houseはまちがい。aは，〈形容詞＋名詞〉のかたまりの前につけるよ。

テストで注意　形容詞だけならaは不要

×I'm *a* busy.とは言いません。busyは名詞ではないからです。aは名詞につけます。

4 This is 〜. / That is 〜.

「これは〜です」「あれは〜です」という文

4章／This is 〜. ／That is 〜.

基本例文

This is my book.

（これは私の本です。）

♪10

ここで学習すること

「これは〜です」は This is 〜., 「あれは〜です」は That is 〜. で表します。

| これは〜です | **This** is my book. | （これは私の本です。） |

近くのものは this

| あれは〜です | **That** is my bike. | （あれは私の自転車です。） |

遠くのものは that

---

1 This is 〜.

自分の近くにあるものをさして，**「これは〜です」**と説明するときは，**This is 〜.**の形を使います。thisは「これ」という意味です。

This is my bag.	（これは私のかばんです。）	♪11
This is Ken's desk.	（これは健の机です。）	
This is a new computer.	（これは新しいコンピューターです。）	

近くにいる人をさして**「こちらは〜です」**と紹介するときにも **This is 〜.**を使います。

| This is Misa. | （こちらは美佐です。） | ♪12 |
| This is my mother. | （こちらは私の母です。） | |

くわしく — 代名詞

物の名前を表す語を「名詞」と言いますが，this（これ）やthat（あれ）のように名詞の代わりに使う語を代名詞と言います。Iやyouも代名詞です。（→p.174）

テストで注意 This is に短縮形はない!

This isには×This'sのような短縮形はありません。

スピーキング 「私の友達の〜です」

「こちらは私の友達の美佐です。」は This is my friend Misa.のように言います。（friendとMisaの間にコンマ（,）を入れて表記することもあります。）

65

2　That is ～.

遠くにあるものをさして，**「あれは～です」**と説明するときは，**That is ～.** の形を使います。

That is は，話し言葉では短縮形の **That's** がよく使われます。

> That is my house.　　（あれは私の家です。）　　♪13
> ＝ That's my house.
>
> That is our school.　　（あれは私たちの学校です。）
> ＝ That's our school.

3　This … is ～. / That … is ～.

this には「この」，that には「あの」という意味もあり，this book（この本），that boy（あの男の子）のようにあとに名詞を続けて使うこともできます。

> This book is interesting.　　（この本はおもしろい。）　　♪14
> That tall boy is Yuji.　　　（あの背の高い男の子は雄二です。）

☑ チェック問題

次の____に適する語を入れましょう。

(1)　これは私のラケットです。

　　_____ _____ my racket.

(2)　あれは美佐の家です。

　　_____ Misa's house.

(3)　あの女の子は美佐です。

　　_____ girl is Misa.

解　答

(1)　This,　is

(2)　That's

　　▶that's は that is の短縮形。

(3)　That

5 This is 〜. / That is 〜.の否定文

「これは〜ではありません」「あれは〜ではありません」という文

基本例文

 ♪15

This is **not** my bike.

（これは私の自転車ではありません。）

ここで **学習** すること

「〜ではありません」は，isのあとにnotを入れます。

| これは〜です | **This is** | **my bike.** | （これは私の自転車です。） |

↓ isのあとにnotを入れると否定文になる

| 否定文 | **This is not my bike.** | （これは私の自転車ではありません。） |

　「これは〜ではありません」「あれは〜ではありません」は，isのあとにnotを入れて，**This is not 〜. / That is not 〜.** で表します。is notの短縮形**isn't** もよく使われます。

This is my notebook.　　（これは私のノートです。）　♪16
This is not my notebook.　（これは私のノートではありません。）
= This isn't my notebook.

That is my dog.　　　　（あれは私の犬です。）
That is not my dog.　　（あれは私の犬ではありません。）
= That isn't my dog. = That's not my dog.

テストで注意 ×This is n't 〜.としない!
　isn'tは1語です。×is n'tのように分けて書いてはいけません。

That is notの短縮形はThat's notとThat isn'tの2種類。どっちてもOK。

✓チェック問題

次の＿＿に適する語を入れましょう。

(1) あれは私たちのコンピューターではありません。

That ＿＿＿＿＿＿ ＿＿＿＿＿＿ our computer.

(2) これは私のベッドではありません。

This ＿＿＿＿＿＿ my bed.

解答

(1) is, not

(2) isn't

Is this 〜? / Is that 〜?

「これは〜ですか」「あれは〜ですか」とたずねる文とその答え方

♪ 17

Is this your bike?

（これはあなたの自転車ですか。）

ここで 学 習 すること

「これは〜ですか」は **Is this 〜?** で表します。

| これは〜です | This is your bike. | （これはあなたの自転車です。） |

↓ たずねるときは Is で始める

| 疑問文 | Is this your bike? | （これはあなたの自転車ですか。） |
| 答え方 | Yes, it is. （はい，そうです。） / No, it is not. （いいえ，ちがいます。） |

↑ 答えでは it を使う

1 Is this 〜? / Is that 〜?

「これは〜ですか」「あれは〜ですか」とたずねるときは，Isで文を始めて，**Is this 〜? / Is that 〜?** の形を使います。

| This is your notebook. | （これはあなたのノートです。） ♪ 18 |
| Is this your notebook? | （これはあなたのノートですか。） |

| That is a school. | （あれは学校です。） |
| Is that a school? | （あれは学校ですか。） |

2 疑問文への答え方

Is this 〜? / Is that 〜? の疑問文に対しては，**Yes, it is.**（はい，そうです。）または **No, it is not.**（いいえ，ちがいます。）で答えます。

No, it is not. の短縮形は2パターン（No, it's not. と No, it isn't.）

W ✍
ライティング
文末の「?」を忘れない!

疑問文の最後にクエスチョン・マーク（?）をつけるのを忘れないようにしましょう。

テストで注意 **答えの文では it を使う**

Is this 〜? や Is that 〜? の this・that は，答えの文では it にして，Yes, it is. / No, it is not. で答えます。テストで×Yes, *this* is. などとしないようにしましょう。

あり，どちらを使ってもかまいません。

> Is this your cat? （これはあなたのねこですか。）♪19
> —Yes, it is. （はい，そうです。）
>
> Is that your racket? （あれはあなたのラケットですか。）
> —No, it isn't. = No, it's not. （いいえ，ちがいます。）

Is this ~? / Is that ~?
には，Yes, it is.のように
itを使って答えるんだ。

3　It is ～.の文

すでに話題にのぼっているものについて「それは～」と説明すると
きは，itを主語にして **It is ～.** （短縮形はIt's ～.）を使います。

> Is this John's desk? （これはジョンの机ですか。）♪20
> —No, it's not.　It's my desk. （いいえ，ちがいます。それは私の机です。）

くわしく　this/thatとit

　近く／遠くのものを直接さし示す
とき（会話にはじめて出てくるとき）
にはthis/thatを使います。
　一度会話に出てきたあと，2回目
以降はthis/thatの代わりにitを
使います。

チェック問題

次の___に適する語を入れましょう。

(1)　あれはあなたの腕時計ですか。

___ ___ your watch?

(2)　はい，そうです。[(1)の答え]

—___, ___ is.

(3)　いいえ，ちがいます。[(1)の答え]

—___, ___ not.

(4)　これはあなたのギターですか。

___ ___ your guitar?

(5)　いいえ，ちがいます。[(4)の答え]

—___, it ___.

解答

(1)　Is，that

(2)　Yes，it

(3)　No，it's

(4)　Is，this

(5)　No，isn't

定期テスト予想問題 ②

時間 20分
解答 p.252

得点　／100

1 それぞれA，Bの音声を聞いて，絵に合う音声の記号に○をつけなさい。　♪21【8点×4】

(1) (A B)　　(2) (A B)　　(3) (A B)　　(4) (A B)

2 次の(　　)の中から適するものを選び，○で囲みなさい。　【6点×4】

(1) This (is / am / are) a school.

(2) (That's / That / It) my bike.

(3) (Is / Am / Are) that an animal?
　　　　　　　　　　　　　　動物

(4) ― No, (it's / that's / that) not.　[(3)に答えて]

3 次の絵を見て，次の_____に適する語を書き，対話文を完成させなさい。　【6点×4】

Yumi:　Is (1)_____ a plane?
　　　　　　　　　　　　飛行機
Bob:　(2)_____, it is not.

Yumi:　(3)_____ it _____ bird?

Bob:　Yes, (4)_____ a bird.

Bob

Yumi

4 次のようなとき，英語でどのように言いますか。適する文を書きなさい。　【10点×2】

(1) 外国人の先生に，「こちらは健(Ken)くんです」と友達を紹介するとき。

_____

(2) 遠くにあるものをさして，「あれはオレンジですか」とたずねるとき。

_____

5章

He is ～. / She is ～.

1 | He is 〜. / She is 〜.

「彼は〜です」「彼女は〜です」という文

♪01

> **基本例文**

He's a high school student. （彼は高校生です。）

ここで 学習 すること

1人の男性をさすときにはhe を，1人の女性をさすときにはshe を使います。

That is Joe. （あちらはジョーです。）

└─→ 一度話に出た男性について言うときはhe を使う

He is a high school student. （彼は高校生です。）

---

1 he, she

一度話題にのぼった人のことを再びさすときには，名前などを繰り返す代わりに代名詞（he, she など）を使います。

Ken（健），my father（私の父），Mr. Smith（スミスさん）など**1人の男性**をさすときは，「彼」という意味の代名詞**he** を使います。

Mika（美香），my mother（私の母），Ms. Smith（スミスさん）など**1人の女性**をさすときは，「彼女」という意味の代名詞**she** を使います。

2 I am 〜. / You are 〜. など

be動詞（am, are, is）は，主語がIのときはamを使い，主語がyouのときはareを使いました（→p.52）。thisやthatが主語のときはisを使いました（→p.65）。

主語がheまたはsheのときは，be動詞はis を使います。「彼は〜

I	am
You	are
This That	is

くわしく 代名詞とは

代名詞とは名詞の代わりに使われる語です。I（私），you（あなた），he（彼），she（彼女），it（それ），this, thatなどが代名詞です。（→p.174）

参考 Mr.

Mr. は「〜さん」「〜先生」という意味で，男性の姓（名字）の前につけます。
Mr. … 男性につける
Ms. … 女性につける

確認 he, sheの意味

he（彼は）やshe（彼女は）には「（つきあっている）彼氏・彼女」という意味はありません。単に1人の男性・女性というだけです。

です」は**He is ～.**で，「彼女は～です」は**She is ～.**で表します。
He is→He's, She is→She'sという短縮形もよく使われます。

This is Tom.	（こちらはトムです。）	♪02
He is my friend.	（彼は私の友達です。）	
＝He's my friend.		
That tall girl is Judy.	（あの背の高い女の子はジュディーです。）	
She is from Australia.	（彼女はオーストラリアの出身です。）	
＝She's from Australia.		

3 **Ken is ～.など**

　主語がheやsheのときだけでなく，Ken（健），my mother（私の母），Mr. Smith（スミスさん）などのように「1人の人」が主語のときは，be動詞は**is**を使います。（Iとyouは例外）

Kumi is my friend.	（久美は私の友達です。）	♪03
My mother is forty years old.	（私の母は40歳です。）	

　主語が人ではなくthis book（この本）などのように「（1つの）物」のときも，be動詞はisを使います。

This book is interesting.	（この本はおもしろい。）	♪04
My name is Hiroki.	（私の名前は広樹です。）	
English is my favorite subject.	（英語は私の大好きな教科です。）	

■ 参考　「彼の」「彼女の」

　「彼の」は his，「彼女の」は her で表します。
・his bike（彼の自転車）
・her book（彼女の本）

S スピーキング　**be動詞は弱く**

　A is B.の形の文では，is などの be動詞は主語（A）やあとの語句（B）よりも弱く発音されるのがふつうです。文の中で強弱をつけることで，より英語らしく，伝わりやすい発音になります。

　主語が「1人の人」「1つの物」なら，be動詞はis．Iとyouだけが例外なんだ。

2 | We are 〜. / They are 〜.

「私たちは〜です」「彼らは〜です」という文（主語が複数の文）

基本例文

♪05

We're happy.

（私たちは幸せです。）

ここで
学習
すること

「私たち」はwe，「彼ら・彼女ら・それら」はtheyで表します。
主語が複数のとき，be動詞はareを使います。

| 私は〜です | **I am happy.** （私は幸せです。）

主語がweのときは，be動詞はareを使う

| 私たちは〜です | **We are happy.** （私たちは幸せです。）

---

1 we, they, you

「私たち」は代名詞weで表します。
「彼ら」「彼女ら」は，男女にかかわらず，代名詞**they**で表します。
「あなたたち」は，「あなた」と同じ**you**で表します。

1人 （単数）	2人以上 （複数）
I （私）	we （私たち）
you （あなた）	you （あなたたち）
he （彼） she （彼女）	they （彼ら／彼女ら）

2 We are 〜. / They are 〜.

主語がweやtheyのように複数（2人以上）のときは，be動詞は
areを使います。
「私たちは〜です」は**We are 〜.**，
「彼ら／彼女らは〜です」は**They are
〜.**，「あなたたちは〜です」は**You
are 〜.**で表します。

主語	be動詞	
We		
You	are	〜.
They		

くわしく 「単数」「複数」とは

we（私たち）は，「私」を含む
2人以上の人をさすので，複数の主
語です。Iは自分1人をさすので，
単数の主語です。

参考 「私たちの」「彼らの」

「私たちの」はour，「あなたた
ちの」はyour，「彼らの」はtheir
で表します。
・our school （私たちの学校）
・their team （彼らのチーム）

くわしく 物をさすthey

人ではなく，2つ以上の物をさし
て「それら」というときもtheyを
使います（→p.174）。theyは人
と物の両方に使える代名詞です。

74

We are → We're, They are → They're, You are → You're という短縮形もよく使われます。

> We are busy. ＝ We're busy. 　（私たちは忙しい。）♪06
> They are strong. ＝ They're strong. （彼らは強い。）

3 Ken and Kumiなど

Ken and Kumi（健と久美）などのように複数（2人以上）の人が主語のときも，we や they と同じように，be動詞は **are** を使います。

> Ken and Kumi are from Miyazaki. ♪07
> （健と久美は宮崎出身です。）

人ではなく，2つ以上（複数）の物が主語のときも，be動詞は **are** を使います。

> This watch and this camera are very old. ♪08
> （この腕時計とこのカメラはとても古いです。）

人でも物でも，複数なら is の代わりに are を使うよ。

🎤 スピーキング 「○○と私」

I（私）とだれかほかの人をならべるときは，I（私）はいちばん最後に言うのがマナーです。
○Ken and I（健と私）
×I and Ken（私と健）

✅ チェック問題

次の＿＿に適する語を入れましょう。

(1) 私たちは悲しんでいます。

　　　　　　　　　　　sad.

(2) 彼らは貧しいです。

＿＿＿＿＿ poor.

(3) 美智子と里美は親切です。彼女らは奈良の出身です。

Michiko and Satomi ＿＿＿＿ kind.

＿＿＿＿ are from Nara.

解答

(1) We, are

(2) They're

(3) are,

They

75

He is 〜. などの否定文

「彼は〜ではありません」「私たちは〜ではありません」などの文

基本例文

♪09

He's **not** our English teacher.

（彼は私たちの英語の先生ではありません。）

ここで **学 習** すること

He is 〜. や They are 〜. の否定文は，is / are のあとに not を入れます。

| ふつうの文 | **He is   our English teacher.** （彼は私たちの英語の先生です。） |

⬇ be動詞 is のあとに not を入れる

| 否定文 | **He is not our English teacher.** （彼は私たちの英語の先生ではありません。） |

1 〔 I am 〜. などの否定文 〕

I am 〜. / You are 〜. / This is 〜. などの be動詞の文は，be動詞（am, are, is）のあとに not を入れると「〜ではありません」という否定文になりました。（→ p.54, 67）

I	am	
You	are	not 〜.
This That	is	

主語が何であっても，not を入れるだけだね。

2 〔 He is 〜. / She is 〜. の否定文 〕

「彼は〜ではありません」「彼女は〜ではありません」は，be動詞 is のあとに not を入れて **He is not 〜. / She is not 〜.** で表します。

She is a high school student. （彼女は高校生です。） ♪10
She is not a high school student. （彼女は高校生ではありません。）

He is not 〜. / She is not 〜. には 2 種類の短縮形があります。

✔確認 be動詞の短縮形の **まとめ**

· I am → I'm
· he is → he's
· she is → she's
· that is → that's
· it is → it's
· you are → you're
· we are → we're
· they are → they're
· is not → isn't
· are not → aren't

ひとつはHe's not 〜. / She's not 〜., もうひとつはHe isn't 〜. / She isn't 〜.です。どちらの形を使ってもかまいません。

> She's not a high school student.　♪11
> ＝ She isn't a high school student.（彼女は高校生ではありません。）

3　We are 〜 . / They are 〜 .の否定文

「私たちは〜ではありません」は，be動詞areのあとにnotを入れて**We are not 〜.**で表します。

> We are young.　　　　（私たちは若い。）　♪12
> We are not young.　　（私たちは若くありません。）

「彼ら / 彼女らは〜ではありません」も，同じようにbe動詞areのあとにnotを入れて**They are not 〜.**で表します。

> They are from Osaka.　　（彼らは大阪の出身です。）　♪13
> They are not from Osaka.　（彼らは大阪の出身ではありません。）

　We are not 〜. → We're not 〜. / We aren't 〜., They are not 〜. → They're not 〜. / They aren't 〜.のように短縮されます。

▶くわしく　**複数ならare not**

　weやtheyだけでなく，Ken and Kumi（健と久美）や名詞の複数形（→p.94）など，主語が複数のときのbe動詞の否定文はare notとなります。

✓チェック問題

次の____に適する語を入れましょう。

(1) 彼は山形の出身ではありません。

　　He _____ from Yamagata.

(2) 彼女は学生ではありません。

　　She's _____ a student.

(3) 私たちは疲れていません。

　　We _____ tired.

解　答

(1) isn't

(2) not

　▶she's は she is の短縮形。

(3) aren't

5章／He is 〜. / She is 〜.

77

Is he 〜? / Is she 〜?

「彼は〜ですか」「彼女は〜ですか」などの疑問文とその答え方

基本例文

♪14

Is she a high school student?

（彼女は高校生ですか。）

ここで
学 習
すること

He is 〜.やShe is 〜.の疑問文は，isで文を始めます。

ふつうの文　**She is a high school student.**　（彼女は高校生です。）

be動詞Isで文を始める

疑問文　**Is she a high school student?**　（彼女は高校生ですか。）

1　You are 〜.などの疑問文

You are 〜.やThis is 〜.の文は，be動詞（are, is）で文を始めると，「〜ですか」という疑問文になりました。

Are	you	
Is	this	〜 ?
	that	

2　He is 〜. / She is 〜.の疑問文

He is 〜. / She is 〜.の疑問文（「彼は〜ですか」「彼女は〜ですか」という文）は，be動詞isで文を始めて **Is he 〜? / Is she 〜?** で表します。

♪15
She is a good teacher.　（彼女はいい先生です。）
Is she a good teacher?　（彼女はいい先生ですか。）

Hiroshi, your motherのように1人の人が主語の場合も，he /

主語とbe動詞を入れかえれば疑問文になるのか

she と同様に，be動詞 is で文を始めると疑問文になります。

> Hiroshi is tall.　　　　　　（広志は背が高い。）　　♪16
> **Is** Hiroshi tall?　　　　　（広志は背が高いですか。）
>
> Your mother is busy.　　　（あなたのお母さんは忙しいです。）
> **Is** your mother busy?　　（あなたのお母さんは忙しいですか。）

3 答え方

　Is he 〜? の疑問文には，**Yes, he is.** か **No, he is not.** で答えます。Is she 〜? の疑問文には，**Yes, she is.** か **No, she is not.** で答えます。

　Is Hiroshi 〜? や Is your mother 〜? などの疑問文の場合も，答えの文ではその主語を繰り返さず，he か she を使います。

> Is Ken a soccer fan?　　　（健はサッカーのファンですか。）　♪17
> — Yes, he is.　　　　　　　（はい，そうです。）
> — No, he's not.　　　　　　（いいえ，ちがいます。）
>
> Is your mother busy?　　　（あなたのお母さんは忙しいですか。）
> — Yes, she is.　　　　　　　（はい，忙しいです。）
> — No, she isn't.　　　　　　（いいえ，忙しくありません。）

⑤🎤 **Yes のときは**
スピーキング **短縮形はダメ！**

　Yes で答えるときには，
×Yes, *he's*. のように短縮形を使うことはできません。（No で答えるときには，No, he's not. や No, he isn't. のように短縮形をよく使います。）

テストで **答えの文では代名詞**
注意

　Is <u>Ken</u> 〜? のように具体的な人名で質問されても，答えの文では人名を代名詞（he か she）に変えて Yes, <u>he</u> is. のように答えます。テストで ×Yes, *Ken* is. などとしないようにしましょう。

5章　He is 〜．／She is 〜．

✅ **チェック問題**

次の____に適する語を入れましょう。

(1) 彼は中学生ですか。— はい，そうです。

　　_____ he a junior high school student?

　　— _____, _____ is.

(2) 竹田さんは徳島の出身ですか。— いいえ，ちがいます。

　　_____ Ms. Takeda from Tokushima?

　　— _____, _____ not.

　　　　　　　　　　　　　　　　　　解　答

(1)　Is

　　　Yes，　he

(2)　Is

　　　No，　she's

5 Are they 〜?

「彼らは〜ですか」などの疑問文とその答え方

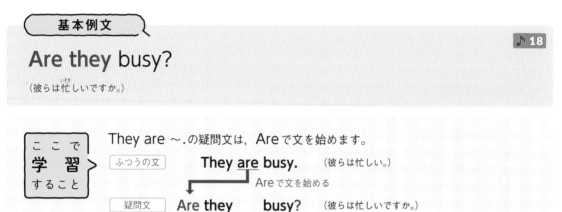

基本例文

Are they busy?
（彼らは忙しいですか。）

ここで学習すること

They are 〜.の疑問文は，Areで文を始めます。

| ふつうの文 | They are busy. | （彼らは忙しい。） |

Areで文を始める

| 疑問文 | Are they busy? | （彼らは忙しいですか。） |

1 They are 〜.の疑問文

「彼ら／彼女らは〜ですか」はAre they 〜?で表します。

| They are from Hokkaido. | （彼らは北海道の出身です。） | ♪19 |
| Are they from Hokkaido? | （彼らは北海道の出身ですか。） | |

2 答え方

Are they 〜?やAre Ken and Emi 〜?などの疑問文には，**Yes, they are.**か**No, they are not.**で答えます。

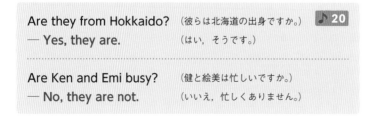

| Are they from Hokkaido? | （彼らは北海道の出身ですか。） | ♪20 |
| — Yes, they are. | （はい，そうです。） | |

| Are Ken and Emi busy? | （健と絵美は忙しいですか。） | |
| — No, they are not. | （いいえ，忙しくありません。） | |

くわしく ▶ Are we 〜?など

Are we 〜?で，「私たちは〜ですか」という意味の疑問文になります。

・Are we late?
（私たちは遅刻ですか。）

theyやweだけでなく，主語が複数のときはAre 〜?の形になります。

発展 「あなたたちは〜」のAre you 〜?

youには「あなた」という意味のほかに「あなたたち」の意味もあり，複数の相手をさすときにも使われます。

・Are you from Tokyo?
（あなたたちは東京の出身ですか。）
— Yes, we are.
（はい，そうです。）

6 「（ある場所）にいます」などの文

いる場所などを表すbe動詞の文

基本例文

He's in Hawaii.

（彼はハワイにいます。）

♪21

ここで
学習
すること

I am 〜．やHe is 〜．などのbe動詞の文で，人がいる場所や，物がある場所を
表すことができます。

I'm <u>here</u>. （私はここにいます。）
　　　↳ 場所を表す語句

1 「〜にいる」の意味の文

be動詞（is, am, are）は **「Aは〜にいる」** という意味を表すこと
もあります。is，am，areのあとには**場所を表す語句**がきます。

場所を表す語句の例	here（ここに）	in the kitchen（台所に）
	in Tokyo（東京に）	near Tokyo（東京の近くに）

I'm in France now. （私は今，フランスにいます。） ♪22
Kumi is in the kitchen. （久美は台所にいます。）

2 「〜にある」の意味の文

人ではなく物を主語にすると，**「〜にある」**という意味になります。

My smartphone is in my bag. ♪23
（私のスマートフォンはかばんの中にあります。）
Our school is near the station. （私たちの学校は駅の近くにあります。）

くわしく 場所を表す語句

　場所を表す語句は，ふつう〈in
＋地名〉などの，前置詞と名詞の2
語以上のまとまりです。hereは1
語で「ここに」という意味を表すの
で，inなどはつけません。

参考 There is 〜．

　There is 〜．という文型を使っ
て，「かばんの中にスマートフォン
が1台入っています」などの意味を
表すことができます（→p.226）。

定期テスト予想問題 ③

時間 ▶ 20分
解答 ▶ p.253

得点
／100

1 次の英文の _____ に, he, she, we, they のうち, あてはまるものを入れなさい。　【6点×5】

(1) This is my sister. _____ is a high school student.

(2) This is Taro. _____ is my brother.

(3) Kayo and I are from Hokkaido. _____ are in Tokyo now.

(4) Takahiro and Rob are in the garden. _____ are hungry.

(5) Is Ms. Brown from Canada? — Yes, _____ is.

2 次の [　] 内の語を並べかえて, 日本文の意味を表す英文をつくりなさい。ただし, 文の最初にくる語も小文字で示してあります。　【10点×3】

(1) [our, English, teacher, she, is].　(彼女は私たちの英語の先生です。)

　_____

(2) [is, friend, your, he]?　(彼はあなたの友達ですか。)

　_____

(3) [not, Australia, is, he, from].　(彼はオーストラリアの出身ではありません。)

　_____

3 右の絵を見て, 次の _____ に適する語を書き, 対話文を完成させなさい。　【10点×4】

(1) *Yuki:*　Is ① _____ woman your mother?

　　George: Yes, ② _____ is.

　　　　　And, that man is my uncle.

(2) *Hiroshi:* Is that man your friend?

　　Mary:　No, ① _____ isn't.

　　　　　② _____ my teacher.

6 章

I play 〜. など

（一般動詞）

1 一般動詞の文とは

一般動詞の文

基本例文

I like music.

（私は音楽が好きです。）

♪ 01

ここで
学 習
すること

like, play, have など, be動詞以外のふつうの動詞を一般動詞と言います。
英語では, 主語のすぐあとに動詞がきます。

日本語	私は	音楽が	好きです。
英 語	**I**	**like**	**music.**

主語　↑ 主語のあとに動詞がくる

---

1 一般動詞とは

be動詞（am, are, is）以外の動詞を**一般動詞**と呼びます（「ふつうの動詞」という意味です）。

like（好む）, play（〈スポーツなどを〉する）, have（持っている）, go（行く）など, be動詞以外はすべて一般動詞です。

日本語とはちがい, 英語では, **動詞は主語のすぐあとに**きます。

〈日本語〉	私は	テニスを	します	。
〈英 語〉	I	play	tennis	.

主語　動詞

I like sports.　（私はスポーツが好きです。）　♪ 02
I play tennis.　（私はテニスをします。）
I have a racket.　（私はラケットを持っています。）

✔確認 **動詞とは**

おもに動作を表す語を動詞といいます（→p.47）。日本語の動詞は,「好む」「行く」「食べる」のようにウ段の音で終わるのが特徴です。

発展 **目的語とは**

一般動詞のあとにきて,「～を」という意味を表すことばを目的語と言います。I play tennis.のtennisが目的語です。

ただし, 一般動詞には, 目的語があとにこないものも多くあります。
・（例）I walk.
（私は歩きます。）

2 be動詞と一般動詞のちがい

英語の動詞にはbe動詞と一般動詞の2種類があります。英語の文にはふつう，主語と動詞が必要です。動詞は，be動詞か一般動詞のどちらか1つだけを使います。

be動詞は，イコールでつなぐ働きをする動詞で，「A＝Bです」という文で使います。（→p.52）

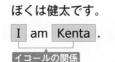

ぼくは健太です。

I am Kenta.

イコールの関係

一般動詞は，「する」「好む」「行く」などの具体的な動きを表します。

ぼくは野球が好きです。

I like baseball.

I＝baseballではない

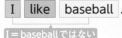

I am a musician. （私はミュージシャンです。）　♪03
I like music. （私は音楽が好きです。）

You are a baseball player. （あなたは野球選手です。）
You play baseball. （あなたは野球をします。）

be動詞と一般動詞は，そのままでいっしょに使うことはありません。×I *am like* music.や×I *am play* tennis.というまちがいが多いので注意しましょう。

発展　現在進行形など

一般動詞が変化して，ing形などの別の形になったときは，be動詞といっしょに使われることがあります。現在進行形（→p.184）は，〈be動詞＋動詞のing形〉で表します。

1つの文に動詞は1つ。be動詞か一般動詞，どちらか1つだけを使うんだ。

✔ チェック問題

次の＿＿＿に適する語を入れましょう。

(1) 私はサッカー選手です。

　　I ＿＿＿＿＿＿＿ a soccer player.

(2) あなたはサッカーをします。

　　You ＿＿＿＿＿＿＿ soccer.

＿＿＿＿＿ 解　答 ＿＿＿＿＿

(1) am

(2) play
　　▶一般動詞の文ではbe動詞は
　　　使いません。

2 いろいろな一般動詞

基本的な一般動詞の意味と使い方

> ┌────────┐
> │ 基本例文 │
> └────────┘

I **love** this song.

（私はこの歌が大好きです。）

♪04

ここで
学 習
すること

like, play, have 以外にも一般動詞はたくさんあります。
ここでは，中1で覚えておきたい基本的な一般動詞の使い方を紹介します。

1　like

動詞 **like** は「〜を好む」「〜が好きだ」という意味です。like のあとに，スポーツ名や教科名など，「好きなもの」を続けます。

I like music.　　　　　（私は音楽が好きです。）　　♪05

「大好き」と言うときには，最後に **very much**（とても）をつけたり，like のかわりに「愛する」という意味の動詞 **love** を使ったりします。

I like music very much.　（私は音楽が大好きです。）　♪06
I love music.　　　　　　（私は音楽が大好きです。）

2　play

play は「（スポーツを）**する**」という意味でよく使われます。

発展　「〜が好き」の言い方

like のあとにくる名詞がスポーツ名や教科名ではなく「数えられる名詞」のときは，名詞を複数形にします。（→p.94）

S スピーキング　「大好き」の言い方

話しことばでは，次のような言い方もよく使われます。
・I like tennis a lot.
・I really like tennis.
　（私はテニスが大好きです。）

参考　player

play は「（スポーツやゲームを）する，演じる」などの意味がある動詞です。play に「〜する人」という意味の er をつけた名詞 player は，「競技者，選手，演じる人，プレーヤー」という意味になります。

I play tennis. （私はテニスをします。） ♪07

playには「（楽器を）**演奏する**」という意味もあります。

I play the piano. （私はピアノを弾きます。） ♪08

3 **have**

haveは「**持っている**」という意味です。「（ペットを）**飼っている**」という意味でも使われます。

I have a cell phone. （私は携帯電話を持っています。） ♪09
I have a dog. （私は犬を飼っています。）

「（兄弟・姉妹が）**いる**」という意味で使われることもあります。

I have a brother. （私には兄［弟］が1人います。） ♪10

haveには「**食べる**」「（食事を）**とる**」という意味もあります。

I have rice for breakfast. ♪11
（私は朝食にはごはん（米）を食べます。）

4 **go / come**

goは「**行く**」, **come**は「**来る**」という意味です。go to 〜で「〜に行く」, come to 〜 で「〜に来る」という意味になります。

I go to the library every day. ♪12
（私は毎日図書館に行きます。）

I come to school by bus. （私はバスで学校に来ます。）

くわしく **〈play the＋楽器名〉**

「（楽器を）演奏する」と言うとき, 楽器名の前にはふつうtheをつけます。

くわしく **haveの意味**

haveは必ずしも「手に持っている」という意味を表すわけではありません。物を「所有している」という意味のほかに, 形のないものを「持っている」という意味でも使われます。
・I have a question.
（私には質問があります。）
・I have a cold.
（私はかぜをひいています。）

スピーキング **きょうだいの言い方**

brotherには「兄・弟」, sisterには「姉・妹」の両方の意味があります。英語できょうだいについて言うときには, 年上か年下かをいつも伝える必要はありません。「私には兄が1人います」と言うときには, 単にI have a brother.と言うのがふつうです。

参考 **「ここに」「そこに」など**

「〜に行く」「〜に来る」はgo to 〜, come to 〜で表しますが, here（ここに）, there（そこに）, home（家に）にはtoはつけません。
・come here （ここに来る）
・go there （そこに行く）
・go home （家に帰る）

5 speak

speakは**「話す」**という意味です。Japanese（日本語）やEnglish（英語）などを続けると，「～語を話す」という意味になります。

I speak Japanese.　　　（私は日本語を話します。）　♪13

6 その他の覚えておきたい一般動詞

一般動詞は，これ以外にもたくさんあります。基本的なものを覚えておきましょう。

♪14

know（知っている）	want（ほしい）	walk（歩く）
listen（聞く）	read（読む）	write（書く）
study（勉強する）	practice（練習する）	take（取る）
look（見る，目を向ける）	watch（〈テレビなどを〉見る）	see（見える，わかる）
use（使う）	drive（運転する）	clean（そうじする）

参考 speaker

speakに「～する人・物」という意味のerをつけた名詞speakerは「話す人」を表します。English speakerなら「英語を話す人」，Japanese speakerなら「日本語を話す人」という意味です。

くわしく atやtoが必要な動詞

一般動詞には，atやtoなどとセットで，熟語のように使われるものもあります。左の動詞の中では，次の2つを覚えておきましょう。

・look（見る）
　look at ～（～を見る，～に目を向ける）
・listen（聞く）
　listen to ～（～を聞く，～に耳をかたむける）

チェック問題

次の＿＿に適する語を入れましょう。

(1) 私は理科が好きです。

　　I ＿＿＿＿＿＿ science.

(2) 私には姉が1人います。

　　I ＿＿＿＿＿＿ a sister.

(3) 私はギターを弾きます。

　　I ＿＿＿＿＿＿ the guitar.

(4) 私は英語と日本語を話します。

　　I ＿＿＿＿＿＿ English and Japanese.

(5) 私は新しい自転車がほしい。

　　I ＿＿＿＿＿＿ a new bike.

解　答

(1) like

(2) have
　▶きょうだいなどが「いる」というときもhaveを使います。

(3) play

(4) speak

(5) want

3　I don't ～.

「～しません」と否定する文

基本例文

I don't play tennis.

（私はテニスをしません。）

一般動詞の否定文は，動詞の前に do not［don't］を入れます。

| ふつうの文 | I | | play tennis. | （私はテニスをします。） |

動詞の前に do not を入れる

| 否定文 | I do not play tennis. | （私はテニスをします。） |

「～しません」と言うときは，**動詞の前に do not** を入れます。do not は，短縮形の **don't** がよく使われます。

| I like math. | （私は数学が好きです。） | ♪16 |
| I don't like math. | （私は数学が好きではありません。） | |

| I play the guitar. | （私はギターを弾きます。） |
| I don't play the guitar. | （私はギターを弾きません。） |

テストで注意 **I'm not play ～.** **としない！**

I am ～. の否定文は I'm not ～. ですが，I like ～. や I play ～. などの一般動詞の否定文は I don't ～. の形になります。be 動詞の am は使わないので注意しましょう。

○　I don't play soccer.
×　*I'm not* play soccer.

✔チェック問題

次の____に適する語を入れましょう。

(1)　私は牛乳が好きではありません。

　　I _____ _____ like milk.

(2)　私はテレビを見ません。

　　I _____ watch TV.

解答

(1)　do，not

(2)　don't

4　Do you ～?

「あなたは～しますか」とたずねる文とその答え方

♪ 17

基本例文

Do you play soccer?

（あなたはサッカーをしますか。）

ここで
学 習
すること

一般動詞を使って「あなたは～しますか」などとたずねる疑問文は，Do you ～?
で始めます。

ふつうの文　　**You play soccer.**　（あなたはサッカーをします。）

↓ Do を文の最初におく

疑問文　　**Do you play soccer?**　（あなたはサッカーをしますか。）

1　疑問文のつくり方

play, like, have … などの一般動詞を使って「あなたは～しますか」
とたずねる疑問文は，doで文を始めて **Do you ～?** の形になります。

You have a camera.	（あなたはカメラを持っています。）♪ 18
Do you have a camera?	（あなたはカメラを持っていますか。）

You like science.	（あなたは理科が好きです。）
Do you like science?	（あなたは理科が好きですか。）

You speak Japanese.	（あなたは日本語を話します。）
Do you speak Japanese?	（あなたは日本語を話しますか。）

テストで注意 **be動詞は使わない!**

一般動詞の疑問文では be動詞は
使いません。Are you ～?としてし
まうミスが多いので注意しましょう。
○　Do you play soccer?
×　*Are* you play soccer?

Are you ～?とまちが
えやすいんだよね…

スピーキング **Yes/No疑問文**

Yes/No で答えられる疑問文は，
上げ調子で発音するのが基本です。
Do you play soccer?（↗）

② Do you ～? への答え方

Do you ～? の疑問文には，doを使って **Yes, I do.** か **No, I do not.** で答えます。短縮形を使って，No, I don't. と答えることもできます。

Do you know Hiroshi? （あなたは広志を知っていますか。） ♪ 19
—**Yes, I do.** （はい，知っています。）
—**No, I don't.** （いいえ，知りません。）

Do you want a new bike? （あなたは新しい自転車がほしいですか。）
—**Yes, I do.** （はい，ほしいです。）
—**No, I don't.** （いいえ，ほしくないです。）

▌ **参考** 答えの文の do

Do you play ～? に Yes, I do. と答えるときの答えの文の do は，play ～ の代わりとして使われています。

・Do you play ～?
　— Yes, I do.
　＝ Yes, I play ～.

🄦 **英文を正確に書こう！**
ライティング

テストでは，英文を正確に書くことが求められます。疑問文の最後のクエスチョン・マーク（?）や，答えの文のYes/Noのあとのコンマ（,），答えの文の最後のピリオド（.）などを忘れると減点の対象になるので注意しましょう。

✅チェック問題

次の____に適する語を入れましょう。

(1) あなたはお母さんを手伝いますか。—はい，手伝います。
　_____ _____ help your mother?
　—Yes, _____ _____.

(2) あなたはフルートを吹きますか。—いいえ，吹きません。
　_____ _____ play the flute?
　—No, _____ _____.

(3) あなたはテレビを見ますか。—いいえ，見ません。
　_____ _____ watch TV?
　—No, _____ _____.

解　答

(1) Do, you
　I, do

(2) Do, you
　I, don't

(3) Do, you
　I, don't

定期テスト予想問題 ④

時間 20分
解答 p.253

得点 ／100

1 次の( )の中から適するものを選び，記号を○で囲みなさい。 【8点×4】

(1) (ア Are　イ Am　ウ Do) you speak English?

(2) Yes, I (ア are　イ am　ウ do).　[(1)に答えて]

(3) I (ア aren't　イ am　ウ don't) practice soccer on Sunday.

(4) You (ア go　イ go to) the park every day.

2 次の[ ]内の語(句)を並べかえて，日本文の意味を表す英文をつくりなさい。ただし，不要な語が1語ずつあります。 【10点×4】

(1) [like, music, I, am].　（私は音楽が好きです。）

(2) [play, are, you, do, baseball]?　（あなたは野球をしますか。）

(3) [not, don't, a cat, have, I].　（私はねこを飼っていません。）

(4) [English, read, speak, you, very well].　（あなたは英語をとても上手に話します。）

3 次の英文を読んで，下の問いに答えなさい。 【14点×2】

> I'm Lisa Brown.　I'm from Canada.　I'm your English teacher.
> I like sports.　① I play tennis.　I like music, too.　I play the piano.
> ② （あなたはピアノを弾きますか。）

(1) 下線部①を否定文にしなさい。

(2) ②の日本文を英語にしなさい。

7章

複数形・数

1 名詞の複数形

2つ以上の物や，2人以上の人を表すときの形

♪01

> **基本例文**

I have a dog and two **cats**.

（私は犬1匹とねこを2匹飼っています。）

> ここで
> **学習**
> すること

複数形は，名詞の最後に**s**または**es**をつけてつくります。

| 単数形 | **a dog** | （1匹の犬） |

↓ 2つ以上のときは，**s**をつける

| 複数形 | **two dogs** | （2匹の犬） |

1 名詞とは

名詞とは，book（本），dog（犬），girl（女の子）など，物や人を表すことばのことです。

名詞

2 複数形とは

2つ以上の物や2人以上の人を表すときは，名詞に**s**をつけて**複数形**にします。

単数形	複数形
a pen（1本のペン）	two pens（2本のペン）

a boy（1人の男の子）　　three boys（3人の男の子）♪02
a book（1冊の本）　　a lot of books（たくさんの本）

> ✔確認 **不定冠詞aとan**

「1つ」または「1人」のときはaかanをつけます。（→p.63）

> ▌参考 **単数形**

「1つ」または「1人」のときの名詞の形（**s**がつかない形）を単数形と言います。

> ↘くわしく **いつも複数形で使う名詞**

次の名詞は左右2つの部分からできているので，ふつう複数形で表します。
shoes（くつ），socks（くつ下），glasses（めがね），pants（ズボン），gloves（手袋），scissors（はさみ）

2 複数形のつくり方

名詞の複数形のつくり方

基本例文 ♪03

I have five **classes** today.

（私には今日，5つの授業があります。）

ここで 学 習 すること

複数形は，語尾にsをつけます。
ただし，class→classesのように，つくり方に注意が必要な名詞もあります。

1 基本のつくり方

大部分の名詞の複数形は，**最後にsをつける**だけです。
語尾のsは［z ズ］と発音するのが基本です。

				♪04
dog（犬）	→ dogs	camera（カメラ）	→ cameras	
pen（ペン）	→ pens	pencil（えんぴつ）	→ pencils	
boy（男の子）	→ boys	girl（女の子）	→ girls	
car（車）	→ cars	bed（ベッド）	→ beds	

名詞の最後の発音が［k ク］，［t ト］，［p プ］，［f フ］のときは，
複数形のsは［s ス］と発音します。

				♪05
book（本）	→ books	cap（ぼうし）	→ caps	
cat（ねこ）	→ cats	cup（カップ）	→ cups	
desk（机）	→ desks	map（地図）	→ maps	

S スピーキング beds などの発音

bedsは［ベッドズ］ではなく
［ベッツ］に近い音です。dsの部分
が，1つの子音のように発音します。

2つ以上あるときは，
sをつけるのが基本。
a book → two books

S スピーキング cats などの発音

catsは［キャットス］ではなく
［キャッツ］に近い音です。tsの部分
は，1つの子音のように発音します。

2 esをつける名詞

s, x, ch, shで終わる名詞は，sではなく**es**をつけます。この
esは［iz イズ］と発音します。

box（箱）	→ boxes	class（クラス）	→ classes	♪06
watch（腕時計）	→ watches	bus（バス）	→ buses	
dish（皿）	→ dishes			

3 yをiに変えてesをつける名詞

yで終わる語のうちcountry（国），city（市），story（物語）など
は，**yをiに変えてes**をつけます。このiesの部分は［iz イズ］と発音
します。

| city（市） | → cities | story（物語）| → stories | ♪07 |
| country（国） | → countries | family（家族）| → families | |

4 不規則に変化する名詞

ごく少数ですが，sをつけず，不規則に変化する名詞もあります。

| child（子ども）| → children | man（男性）| → men | ♪08 |
| woman（女性） | → women | foot（足, フィート〈長さの単位〉）| → feet | |

W✎ ライティング ○で終わる名詞

○で終わる名詞には，sをつける
ものとesをつけるものがあります。
- piano（ピアノ）→ pianos
- radio（ラジオ）→ radios
- photo（写真）→ photos
- potato（じゃがいも）→
potatoes
- tomato（トマト）→ tomatoes

テストで注意 dayやboyには そのままs

yで終わる語がすべてy→iesに
なるわけではありません。yの前が
a, i, u, e, oの名詞は，yのあとに
そのままsをつけるだけで複数形に
なります。
- day（日）→ days
- boy（男の子）→ boys
- key（かぎ）→ keys

発展 その他の変化

次のような変化もあります。
- leaf（葉）→ leaves
- life（生命）→ lives
- knife（ナイフ）→ knives

また，単数形と複数形が同じ形にな
る名詞もあります。
- fish（魚）→ fish
- sheep（ひつじ）→ sheep

☑ チェック問題

次の語の複数形を書きましょう。

(1) pencil ＿＿＿＿＿＿＿＿　(2) train ＿＿＿＿＿＿＿＿

(3) bus ＿＿＿＿＿＿＿＿　(4) day ＿＿＿＿＿＿＿＿

(5) city ＿＿＿＿＿＿＿＿　(6) house ＿＿＿＿＿＿＿＿

(7) child ＿＿＿＿＿＿＿＿　(8) fox ＿＿＿＿＿＿＿＿

| 解答 |
(1) pencils	(2) trains
(3) buses	(4) days
(5) cities	(6) houses
(7) children	(8) foxes

3 複数形にする名詞, しない名詞

可算名詞と不可算名詞

基本例文

♪ 09

I drink a lot of **water**.

（私はたくさんの水を飲みます。）

ここで **学習** すること

名詞には数えられる名詞と数えられない名詞があります。
数えられない名詞には a をつけず, 複数形にしません。

　Japan（日本）のように1つしかないものや, water（水）のように「どこからどこまでが1つ」という区切りがない液体などは,「1つ, 2つ…」と数を数えることができません。

　「**数えられる名詞**（可算名詞）」に対して, このような名詞は「**数えられない名詞**（不可算名詞）」といいます。

　数えられない名詞は複数形にしません。また, a や an もつけません。

数えられない

数えられない名詞の例	
地名・人名などの固有名詞 ×a Japan や ×Japans としない	Japan（日本）, Tokyo（東京） Ken（ケン）
言語・教科・スポーツ名 ×a math や ×maths としない	Japanese（日本語）, English（英語） math（数学）, music（音楽） tennis（テニス）, baseball（野球）
液体や素材・材料名など ×a water や ×waters としない	water（水）, milk（牛乳） tea（お茶）, coffee（コーヒー） juice（ジュース）, paper（紙）

<くわしく　**飲み物の数え方**

　cola（コーラ）や juice（ジュース）は数えられない名詞で, 複数形にはしません。「コーラ2杯」は, two cups of cola のように, cup（カップ）などの数えられる容器を複数形にして表します。ただし店で注文をするときは, Two colas, please.（コーラを2つお願いします。）のように, cola を1つの商品と考えて複数形にすることがあります。

発展　数えられない名詞

　次の名詞も a をつけず, 複数形にもしません。
rain（雨）, work（仕事）,
money（お金）, time（時間）,
homework（宿題）

4 数

数を表す語と使い方

基本例文

I'm **thirteen** years old.

（私は13歳です。）

♪10

ここで **学習** すること

0〜100までの数を覚えましょう。
また，電話番号などの言い方も覚えましょう。

1 0〜20までの数

0から20までの数は次のように表します。

♪11

0	zero		
1	one	11	eleven
2	two	12	twelve
3	three	13	thirteen
4	four	14	fourteen
5	five	15	fifteen
6	six	16	sixteen
7	seven	17	seventeen
8	eight	18	eighteen
9	nine	19	nineteen
10	ten	20	twenty

くわしく — 基数と序数

数を表す言葉には，「1つ，2つ…」のように個数を表す基数と，「1番目の，2番目の…」のように順序を表す序数があります。

左で紹介しているものは基数です。

13から19までは〜teenの形になるよ。

S スピーキング 電話番号の言い方

電話番号は，頭から1つずつ数字を読んでいきます。ゼロはO（オウ）またはzeroと読みます。（例）03-6431-1549の読み方 … o-three, six-four-three-one, one-five-four-nine

② 21〜99までの数

21以上の数は，twenty-one（21），twenty-two（22），thirty-one（31）のように，十の位を表す単語（twenty, thirtyなど）と，一の位を表す単語（one, twoなど）をハイフン（-）でつないで表します。

♪12

21	twenty-one	40	forty
22	twenty-two	50	fifty
23	twenty-three	60	sixty
⋮		70	seventy
29	twenty-nine	80	eighty
30	thirty	90	ninety

③ 100以上の数

百の位は**hundred**，千の位は**thousand**で表します。

♪13

100	one hundred
123	one hundred (and) twenty-three
555	five hundred (and) fifty-five
1,000	one thousand
2,250	two thousand two hundred (and) fifty

W ✎ ライティング　ハイフンの使い方

ハイフンの左右は，ふつうスペースを空けません。
○twenty-one
×twenty - one

テストで注意　つづりに注意!

4はfour，14はfourteenだが，40はforty。×fourtyとつづるミスが多いので注意しましょう。

L🎧 リスニング　区別しにくい数の聞き分け

thirteenとthirtyなどは聞いて区別しにくいので注意しましょう。ふつう，-teenの部分は強く読まれ，-tyは弱く読まれます。

テストで注意　複数形にはしない

具体的な数を表すとき，hundredやthousandにはsはつけません。
○two hundred
×two hundreds

発展　yenとdollarのちがい

yen（日本の円）にはsをつけないが，dollar（ドル）には複数形のsをつけます。
・50円…fifty yen
・50ドル…fifty dollars

✓チェック問題

次の数を英語で書きましょう。

(1) 31 ＿＿＿＿＿＿＿＿＿＿＿＿＿

(2) 250 ＿＿＿＿＿＿＿＿＿＿＿＿＿

(3) 1,200 ＿＿＿＿＿＿＿＿＿＿＿＿＿

解答

(1) thirty-one

(2) two hundred (and) fifty
　▶hundredのあとのandは，あってもなくてもよい。

(3) one thousand two hundred

someとanyの使い方

「いくつかの」「いくらかの」という意味を表すsomeとany

♪14

基本例文

I have **some** pens.

（私は何本かペンを持っています。）

ここで **学習** すること

「いくつかの」「いくらかの」と言うときはsomeを使います。否定文・疑問文ではふつうanyを使います。

ふつうの文	I have some pens.	（私は何本かペンを持っています。）
否定文	I don't have any pens.	（私は1本もペンを持っていません。）
疑問文	Do you have any pens?	（あなたはペンを持っていますか。）

1 **some**の使い方

someは「いくつかの」「いくらかの」という意味で，名詞の前で使われます。someは数えられる名詞にも，数えられない名詞にも使うことができます。数えられる名詞は複数形にします。

someは何にでも使えて便利。

| I have a book. | （私は本を1冊持っています。） |
| I have some books. | （私は本を何冊か持っています。） |

♪15

| I want a cup of tea. | （私は1杯の紅茶がほしい。） |
| I want some tea. | （私は〈いくらかの〉紅茶がほしい。） |

2 **any**の使い方

否定文ではsomeは使いません。「1つも，少しも」という意味の**any**を使います。

anyもsomeと同様に，数えられる名詞にも，数えられない名詞に

発展 **疑問文で使われる some**

人にものをすすめる場合は，疑問文でもsomeを使います。

・Do you want some coffee, Ken?

（コーヒーを飲みますか，健。）

も使うことができます。数えられる名詞は複数形にします。

I don't have any brothers. （私には兄弟が1人もいません。）♪16
I don't have any water. （私は水を少しも持っていません。）

疑問文でも，someの代わりにanyを使います。疑問文のanyは「1つでも」「少しでも」という意味を表します。

Do you have any brothers? ♪17
（あなたには〈1人でも〉兄弟がいますか。）
Do you have any water? （あなたは〈少しでも〉水を持っていますか。）

疑問文のanyは「どんな数でもいいけど，とにかく1つでも〜」みたいな意味。

3 a lot of 〜

a lot ofは「たくさんの」という意味です。a lot ofは数えられる名詞にも，数えられない名詞にも使うことができます。数えられる名詞は複数形にします。

I have a lot of CDs. （私はたくさんのCDを持っています。）♪18
I have a lot of money. （私はたくさんのお金を持っています。）

4 no 〜

not 〜 any …と同じ内容をnoを使って表すこともできます。noは「1つもない」という意味です。

I don't have any sisters. （私には姉妹が1人もいません。）♪19
＝I have no sisters.

参考 a lot ofとmany

manyも「たくさんの」という意味で使われますが，a lot ofとちがって，数えられる名詞だけに使われます。また，manyは否定文や疑問文でよく使われます。

くわしく noの意味

noは「1つもない」という意味で，次のようにone，twoなどの数と同じ位置で使われます。「0個の」と考えてもいいでしょう。

0個の	I have **no** CDs.
1個の	I have **one[a]** CD.
2個の	I have **two** CDs.
3個の	I have **three** CDs.

noは数えられない名詞にも使えます。
・I have **no** time.
（私には時間がまったくありません。）

定期テスト予想問題 ⑤

時間 20分
解答 p.253

得点　　／100

リスニング **1**　次の絵のそれぞれの人物が，自分の必要な物について話しています。音声を聞いて，人物と必要としている物を線で結びなさい。

♪20【5点×3】

(1)　(2)　(3)

ア　イ　ウ

2　次の各語の複数形を書きなさい。

【5点×6】

(1)　bike　_____　(2)　fox　_____

(3)　apple　_____　(4)　potato　_____

(5)　country　_____　(6)　man　_____

3　次の日本文に合う英文になるように，_____ に適する数字を英語で書きなさい。

【空所1つにつき5点×11】

(1)　9時30分です。　It's _____ _____.

(2)　それは100円です。　It's one _____ yen.

(3)　私の電話番号は，6431-1549です。

My phone number is _____-_____-_____

_____, _____-_____-_____-_____.

8章

can の文

1 I can ～.

「～することができる」という文

基本例文

♪01

I **can** play the violin.

(私はバイオリンを弾けます。)

ここで学習すること

「～することができます」と言うときは，動詞の前に**can**を入れます。

～します	**I play the violin.**	(私はバイオリンを弾きます。)
↓ 動詞の前にcanを入れる		
～できます	**I can play the violin.**	(私はバイオリンを弾くことができます。)

「バイオリンが弾ける」「英語が話せる」などのように「～することができる」と言うときは，動詞の前に**can**を入れます。

canのあとの動詞はいつも**原形**（変化しないもとの形）を使います。

♪02

I speak English.	(私は英語を話します。)
I **can** speak English.	(私は英語を話せます。)

I **can** ride a unicycle.	(私は一輪車に乗れます。)
Kenji **can** ski.	(健二はスキーができます。)
They **can** sing well.	(彼らは上手に歌えます。)

くわしく 助動詞とは

canのように，動詞の働きを助け，意味をつけ加える語を助動詞と呼びます。

テストで注意 動詞は原形

canを使った文では，主語が3人称単数でも動詞にsをつけてはいけません。(→p.120)

○ She can speak English.

× She can *speaks* English.

チェック問題

次の ____ に適する語を入れましょう。

(1) 私は中国語を話せます。

I ____________ ____________ Chinese.

(2) 智子は，上手にバスケットボールをすることができます。

Tomoko ____________ ____________ basketball well.

解答

(1) can, speak

(2) can, play

2 | canの否定文

「～することができない」という文

基本例文

I can't swim.

（私は泳げません。）

♪ 03

ここで
学習
すること

「～することができません」と言うときは，動詞の前にcannotまたはcan'tを入れます。

| ふつうの文 | **I can swim.** （私は泳げます。） |

↓ 「～できない」はcannotを使う

| 否定文 | **I cannot swim.** （私は泳げません。） |

「～できません」と言うときは，動詞の前に**cannot**を入れます。cannotは短縮形**can't**がよく使われます。

cannot[can't] のあとの動詞はいつも**原形**を使います。

| I can play the flute. | （私はフルートを吹けます。） | ♪ 04 |
| I cannot play the flute. | （私はフルートを吹けません。） |

| He can speak Spanish. | （彼はスペイン語が話せます。） |
| He can't speak Spanish. | （彼はスペイン語が話せません。） |

W✎ ライティング canの否定文

2語に分かれたcan notという形はあまり使われません。canの否定文はふつうcan'tで表記されます。

L🎧 リスニング canとcan't

canとcan'tを聞きまちがえないように注意しましょう。ふつうcan'tはcanよりも強く，長くのばして発音されます。

✓チェック問題

次の ____ に適する語を入れましょう。

(1) 美紀はここへは来られません。

Miki _____ _____ here.

(2) 私たちは野球をすることはできません。

We _____ _____ baseball.

| 解 答 |

(1) can't[cannot], come

(2) can't[cannot], play

3 ___ can の疑問文

「〜することができますか」とたずねる文とその答え方

基本例文

Can you play tennis?

（あなたはテニスをすることができますか。）

♪05

ここで 学習 すること

「〜できますか」とたずねるときは Can で文を始めます。

ふつうの文　　**You can play tennis.**　（あなたはテニスができます。）

↓ Can で文を始める

疑問文　　**Can you　　play tennis?**　（あなたはテニスが\nできますか。）

---

1 「〜できますか」とたずねる文

　「〜できますか」とたずねるときは，**Can** で文を始めます。主語が何であっても，can の文では動詞は原形を使います。

　Can 〜? の疑問文に対しては，「はい」なら **Yes, 〜 can.** で，「いいえ」なら **No, 〜 cannot[can't].** で答えます。

Can you hear me?　（あなたは私〈の声〉が聞こえますか。）♪06
—Yes, I can.　（はい，聞こえます。）
—No, I can't.　（いいえ，聞こえません。）

....

Can Cathy speak Japanese?　（キャシーは日本語を話せますか。）
—Yes, she can.　（はい，話せます。）
—No, she can't.　（いいえ，話せません。）

S スピーキング 🎤 Can you 〜? か
Do you 〜? か

　Can you 〜? の疑問文は，相手の能力をたずねるので失礼に聞こえる場合もあります。例えば相手が英語を話すかどうかを確かめたい場合には，Can you speak English? よりも Do you speak English?（あなたはふだん英語を話しますか〈話す習慣がありますか〉。）とたずねるほうが控えめで好印象です。

Can you do this?
（これ，できる？）

2 疑問詞で始まる疑問文

WhatやHowなどの疑問詞（→p.130）と組み合わせる場合は，疑問詞を文の最初におきます。

What can you make? （あなたは何が作れますか。） ♪07
What instruments can you play? （あなたは何の楽器ができますか。）
How many birds can you see? （あなたは何羽の鳥が見えますか。）

How can I 〜? は「私はどうすれば〜できますか」という意味で，やり方をたずねるときによく使われます。**Where can I 〜?**（私はどこで〜できますか）で場所をたずねることなどもあります。

How can I get to Chuo Station? ♪08
（どうすれば中央駅に行けますか。）
How can I open this box? （どうすればこの箱を開けられますか。）
Where can I buy a ticket? （どこで切符を買えますか。）

> **発展** 疑問詞が主語の文
>
> 「だれが〜できますか」とたずねるときは，疑問詞Whoを主語にしてWho can 〜?でたずねます。
> ・Who can ride a horse?
> （だれが馬に乗れますか。）
> —Emi can.（恵美です。）

8章／canの文

✓チェック問題

次の＿＿に適する語を入れましょう。

(1) あなたは自転車に乗れますか。—はい，乗れます。

　　＿＿＿＿＿＿ you ＿＿＿＿＿ a bike?
　　—Yes, ＿＿＿＿ ＿＿＿＿.

(2) 春菜はスペイン語を話せますか。—いいえ，話せません。

　　＿＿＿＿＿ Haruna ＿＿＿＿＿ Spanish?
　　—No, she ＿＿＿＿.

解答

(1) Can, ride
　　I, can

(2) Can, speak
　　can't[cannot]

107

4　Can I 〜?

許可を求める文

> **基本例文**

Can I open the window?

（窓を開けてもいいですか。）

♪09

> **ここで
> 学習
> すること**
>
> Can I 〜?で，「〜してもいいですか」と許可を求める言い方になります。
> **Can I open the window?**　　（窓を開けてもいいですか。）

1　許可を求めるCan I 〜?

　Can I 〜?は「私は〜できますか」とたずねる文ですが，「〜してもいいですか」という意味で，相手に許可を求めるときにも使われます。

　Can I use your pen?　（あなたのペンを使ってもいいですか。）♪10
　Can I ask your e-mail address?

　　　　　（あなたのメールアドレスを聞いてもいいですか。）

2　Can I 〜?への答え方

　許可を求めるCan I 〜?にはYes, you can.などと答えるよりも，次のような表現を使って答えるほうがふつうです。

　Can I use your phone?（あなたの電話を使ってもいいですか。）♪11
　—**Sure.**（もちろん。）　—**Sure, go ahead.**（もちろん，どうぞ。）
　—**OK.**（いいですよ。）　—**All right.**（いいですよ。）
　—**Sorry, I'm using it right now.**（ごめん，今使っているんです。）

> Can I 〜?は気軽でフレンドリーな言い方　日本語の「〜してもいい？」みたいな感じかな

> **発展**　May I 〜?
>
> 　canの代わりに助動詞mayを使ってMay I 〜?とすると，「〜してもよろしいですか」のようなていねいな言い方になります。

> 　Can I 〜?に断るとき
>
> 　断るときは，I'm sorry.またはSorry.とあやまったあとで，だめな理由を述べるようにしましょう。

5 Can you ～?

依頼する文

基本例文

Can you close the door, please?

（ドアを閉めてもらえますか。）

ここで **学 習** すること

Can you ～?で,「～してくれますか」と依頼する言い方になります。
Can you close the door, please? （ドアを閉めてもらえますか。）

1 依頼のCan you ～?

Can you ～?は「あなたは～できますか」とたずねる疑問文ですが,「～してくれますか」という意味で, 相手に何かを依頼するときにも使われます。

Can you help me, Jim? （私を手伝ってくれる, ジム？） ♪13
Can you open the door? （ドアを開けてくれますか。）

2 Can you ～?への答え方

依頼のCan you ～?には, Yes, I can.などと答えるよりも, 次のような表現を使って答えるほうがふつうです。

Can you come with me? （私といっしょに来てくれますか。） ♪14
—**Sure.** （もちろん。） —**Yes, of course.** （はい, もちろん。）
—**OK.** （いいですよ。） —**All right.** （いいですよ。）
—**Sorry, I'm busy right now.** （ごめん, 今忙しいんです。）

> Can you ～?は日本語の「～してくれる？」みたいな軽い感じだよ

🎤 スピーキング 「お願い」の感じを出す

Can you ～?にfor me （私のために）やpleaseをつけると, お願いする感じをより強めることができます。

・Can you open the door for me, please?
（どうか私のためにドアを開けてくれませんか。）

109

定期テスト予想問題 ⑥

時間 20分
解答 p.254

得点 ／100

---

1 次の日本文に合う英文になるように，_____ に適する語を書きなさい。 【10点×5】

(1) 私は速く走ることができます。　　　I _____ run fast.

(2) 太郎はギターを弾くことができます。　Taro can _____ the guitar.

(3) 彼女は中国語を話すことができますか。　_____ she speak Chinese?

(4) あなたのおばあさんはコンピューターが使えますか。
　　Can your grandmother _____ a computer?

(5) すみません，あなたの言うことが聞こえません。
　　I'm sorry, I _____ hear you.

2 次の対話文を読んで，下の問いに答えなさい。 【10点×2】

> *Tom:* Can you help me, Mami?
>
> *Mami:* Sure.
>
> *Tom:* This is a letter from Ken. ①(can't, Japanese, I, read).
> 　　　②(それを読んでくれませんか。)
>
> *Mami:* OK.

(1) ①の( )内の語を並べかえて，「私は日本語が読めません。」という英文をつくりなさい。

_____

(2) ②の( )内の日本文をcanを使って英文にしなさい。

_____

3 次の質問に，あなた自身のことについて英語で答えなさい。 【15点×2】

(1) Can you swim fast?

_____

(2) What sports can you play?

_____

9章

命令文

命令文

「～してください」「～しなさい」と言うときの文

♪ 01

Use my umbrella.

（私のかさを使って。）

ここで **学習** すること

「～してください」「～しなさい」と言うときの文を命令文と呼び，動詞の原形（もとの形）で文を始めます。

| ふつうの文 | **You use my umbrella.** （あなたは私のかさを使います。）

主語は省略 ↓　↓ 主語は使わずに，動詞で文を始める

| 命令文 | **Use my umbrella.** （私のかさを使って。）

---

1 命令文とは

Stand up.（立って。），Look.（見て。）などのように，主語がなく，いきなり動詞で始まる文のことを命令文と言います。**「～しなさい」** のように，相手に指示をするときに使われます。

| Open your book. | （教科書を開きなさい。） | ♪ 02 |
| Wash your hands. | （手を洗いなさい。） | |

命令文は，指示や命令をするときだけでなく，「～してください」のように，相手に提案するときなどにも使われます。

| Here. Use my pen. | （はい。私のペンを使って。） | ♪ 03 |
| Have some tea. | （お茶を飲んで。） | |

くわしく → **動詞の原形とは**

動詞は，主語や，現在か過去かによって形が変わります。変化しないもとの形のことを原形といいます。

S スピーキング **言い方で 感じが変わる**

「命令文」というと，「～しなさい」のように強い口調で命令する文のようですが，場面や言い方（口調）によって，意味の強さは変わります。実際には「～して」と軽くお願いしたり，「～しなよ」のように相手に提案したりするときも使われます。

2　be動詞の命令文

am，are，isのbe動詞の文を命令文にするときは，be動詞の原形（もとの形）**be**で文を始めます。

You are quiet.	（あなたは静かです。） ♪04
Be quiet.	（静かでありなさい。→静かにしなさい。）
You are careful.	（あなたは注意深いです。）
Be careful.	（注意深くありなさい。→気をつけなさい。）

3　pleaseを使った命令文

命令文の最初に**please**（どうぞ）をつけると，命令の調子をやわらげることができます。（pleaseは，コンマで区切って文の最後につけることもあります。）

Answer my questions.	（私の質問に答えなさい。） ♪05
Please answer my questions.	（私の質問に答えてください。）
Answer my questions, **please**.	（私の質問に答えてください。）

くわしく　be動詞の原形

be動詞（am，are，is）の原形は**be**です。命令文のほか，助動詞のあとや不定詞などで使われる形です。

W／ライティング　呼びかけの語は コンマで区切る

会話では，相手の名前を呼びかける語をつけることがよくあります。呼びかけの語はコンマ（，）で区切って書きます。
・Hurry up, Nick!
（急いで，ニック！）

S／スピーキング　命令文への 応じ方

命令文に「はい」と応じるときは，次の表現がよく使われます。
・All right.（わかりました。）
・OK.（はい。）
・Sure.（いいですとも。）

参考　ていねいなお願いは 命令文以外で

pleaseをつけても，命令文はあまりていねいな文ではありません。ていねいにお願いをしたいときは，命令文ではなく**Can you ～?**（→p.109）などの表現を使いましょう。

✓チェック問題

次の＿＿に適する語を入れましょう。

(1) ＿＿＿＿＿＿ at the picture.
（その絵を見なさい。）

(2) Please ＿＿＿＿＿＿ with me.
（私といっしょに来てください。）

(3) ＿＿＿＿＿＿ kind to your friends.
（友達に親切にしなさい。）

	解答
(1)	Look
(2)	come
(3)	Be

▶「～でありなさい。」と考え，be動詞の原形beを使う。

2 — Don't ～.

「～しないでください」「～してはいけません」と禁止するときの文

基本例文

Don't run here.

（ここで走ってはいけません。）

♪06

ここで 学 習 すること

「～しないでください」「～してはいけません」と言うときは，ふつうの命令文の前にDon'tをつけます。

| ふつうの命令文 | **Run here.** | （ここで走りなさい。） |

↓ Don'tを文の最初におく

| 否定の命令文 | **Don't run here.** | （ここで走ってはいけません。） |

1 Don't ～.の命令文

「～しないで」とお願いするときや，「～してはいけません」と禁止するときは，**Don't**で文を始め，動詞の原形を続けます。

Swim here.	（ここで泳ぎなさい。）	♪07
Don't swim here.	（ここで泳いではいけません。）	
Use my pen.	（私のペンを使って。）	
Don't use my pen.	（私のペンを使わないで。）	

2 Don't be ～.

be動詞（am, are, is）の否定の命令文も，Don'tで始めます。

Don'tのあとは，am, are, isの原形（もとの形）のbeを続けて，Don't be ～.の形になります。

ドンマイ（Don't mind.）なんて英語で言わないらしい。

参考 話し言葉では 短縮形

Don'tはDo notの短縮形です。話し言葉ではDo notはあまり使われませんが，標識などではDon'tではなくDo notと書かれていることもあります。

| Be late. | （遅れなさい。） | ♪08 |
| Don't be late. | （遅れてはいけません。） | |

3 pleaseを使った文

please （どうぞ）をつけて，「〜しないでください」のように命令の調子をやわらげることができます。

| Don't close the window. | （窓を閉めないで。） | ♪09 |
| Please don't close the window. | （窓を閉めないでください。） | |

くわしく 言い方でニュアンスが変わる

Don't 〜．（〜しないで。）も，「〜してください」の文と同様に，言い方によって印象が変わります。

強い口調で言えば「〜するな！」という強い命令になります。また，やわらかく言えば「〜しないでね」とお願いする感じになります。

S スピーキング 「やめて。」の言い方

相手が何かをしようとするのを「やめてください」と制止したいときに，Please don't. とだけ言うことがあります。don't のあとの動詞は，状況からわかるので省略されています。

チェック問題

次の命令文を否定の命令文にするとき，____ に適する語を入れましょう。

(1) Walk fast. （速く歩きなさい。）

　_____ _____ fast. （速く歩かないで。）

(2) Open the door, Tom. （ドアを開けなさい，トム。）

　_____ _____ the door, Tom.

　（ドアを開けてはいけません，トム。）

(3) Please throw this away. （これを捨ててください。）

　_____ _____ throw this away.

　（これを捨てないでください。）

(4) Use my dictionary. （私の辞書を使って。）

　_____ _____ my dictionary.

　（私の辞書を使わないで。）

| 解 答 |
| |

(1) Don't, walk

(2) Don't, open

(3) Please, don't

(4) Don't, use

3

Let's 〜.

〜しましょう」とさそうときの文

基本例文

Let's play games.

（ゲームをしましょう。）

♪ 10

ここで 学 習 すること

「〜しましょう」とさそいかけるときは，Let's で文を始め，そのあとに動詞の原形を続けます。

| ふつうの命令文 | **Play soccer.** | （サッカーをしなさい。） |

↓ Let's を文の最初におく

| Let's 〜.の文 | **Let's play soccer.** | （サッカーをしましょう。） |

「〜しよう」「〜しましょう」と相手をさそうときは，**Let's** で文を始め，**動詞の原形**を続けます。

Let's 〜.に「はい」と応じるときは，OK. や Sure. などが使われます。

Let's study English.	（英語を勉強しましょう。）	♪ 11
Let's wait here. — OK.	（ここで待ちましょう。—はい。）
Let's go to the library.	（図書館へ行きましょう。）
— Sure.	（もちろん。）

参考 let's は let us の 短縮形

　let's は，let us （私たちに〜させる）の短縮形です。ただし，「しましょう」と言うときは，let's を使うのがふつうです。

テストで 注意 Let's tennis. は まちがい

　「テニスをしましょう」と言うときには，play という動詞が必要です。
○ Let's play tennis.
× Let's tennis.

✓ チェック問題

次の___に適する語を入れましょう。

(1) _____ _____ together.

　（いっしょに歌いましょう。）

(2) _____ _____ home.（家に帰りましょう。）

解 答

(1) Let's, sing

(2) Let's, go

定期テスト予想問題 ⑦

1　次のようなとき，英語でどのように言えばよいですか。＿＿＿＿＿ に適する語を入れなさい。

【空所1つにつき8点×5】

(1)　ペンを忘れた友達に，「私のペンを使ってね」と言うとき。

＿＿＿＿＿＿＿＿＿＿ my pen.

(2)　「パーティーに行きましょう」と友達をさそうとき。

＿＿＿＿＿＿＿＿＿＿ ＿＿＿＿＿＿＿＿＿＿ to the party.

(3)　悩んでいる友達に，「心配しないで」と言うとき。

＿＿＿＿＿＿＿＿＿＿ worry.

(4)　道路を渡ろうとしている友達に，「気をつけて」と言うとき。

＿＿＿＿＿＿＿＿＿＿ careful.

2　次の[　]内の語を並べかえて，日本文の意味を表す英文をつくりなさい。ただし，不要な語が1語ずつあります。

【10点×3】

(1)　[every, day, you, English, study].　（毎日英語を勉強しなさい。）

_____

(2)　[the, not, piano, let's, play].　（ピアノを弾きましょう。）

_____

(3)　[don't, book, this, read, do].　（この本を読んではいけません。）

_____

3　次のようなとき，英語でどのように言いますか。適する文を書きなさい。　【15点×2】

(1)　サッカーをしている人に，「ここでサッカーをしてはいけません」と注意するとき。

_____

(2)　友達に，「どうぞ私の家に来てください」とお願いするとき。

_____

中学生のための
勉強・学校生活アドバイス

音声を聞くのは必須

「リスニングがなかなかできるようにならないんです。」

「英語を勉強するときには，必ず音声を聞くこと！」

「リスニング問題もちゃんと聞いて解いてますよ。」

「リスニングのときだけ音声を聞くんじゃなくて，英単語を覚えるときでも，参考書を読むときでも，音声教材があれば必ず聞いてほしいの。」

「ちょっと面倒かも…。」

「ある曲を歌いたいと思ったときに，歌詞を見て覚えるだけで歌えるようになるかしら？」

「音を聞いたことのない曲を歌うなんて，ありえないな。」

「英語の勉強だってもちろん同じ。発音やアクセント，さらに英文特有のリズムに慣れることがとても大切なの。」

「好きな洋楽で何度も聞いた英文は，忘れないもんなあ。記憶の定着にも役立ちますよね！」

「単語を覚えるときも，間違った発音で覚えてしまう前にまず音声を聞いてね。1冊の単語帳の音声を最低20回は聞くといいわ。洋楽と同じで何度もくり返し聞くと忘れないからね。参考書の例文の音声でも同じよ。」

「20回ですか！　思ったより多い！」

「アプリで聞けるものが多いから，案外簡単かも。」

「文章も音声を確認することで，ネイティブの話すリズムや強弱の付け方に慣れていくわ。どれだけ英語の音声に慣れ親しんだかで，リスニングの力が変わるのよ。」

▼アプリを活用するのがおすすめ。

いつでも気軽にできるね。

118

10章

He plays 〜. など

（3単現）

1 ３人称単数現在形とは

一般動詞の３人称単数現在形

My mother **likes** tennis.

（私の母はテニスが好きです。）

♪01

ここで学習すること

主語が３人称単数のときは，動詞に s をつけます。

| 主語が１人称 | I　　like　tennis. | （私はテニスが好きです。） |

↓ 動詞に s がつく

| 主語が３人称単数 | Ken likes tennis. | （健はテニスが好きです。） |

1　１人称・２人称・３人称とは

　文法の世界には**人称**という考え方があり，「１人称」「２人称」「３人称」のように言います。

① 　自分をさす語のこと，つまり I （私）や we（私たち）を**１人称**と呼びます。

② 　相手をさす語のこと，つまり you（あなた，あなたたち）を**２人称**と呼びます。

③ 　「自分」と「相手」以外をさす語のことを，**３人称**と呼びます。

2　単数・複数とは

　単数とは「１人」または「１つ」のことです。複数とは「２人以上」または「２つ以上」のことです。

参考 「１人称」「２人称」…の数字の意味

　「１人称」「２人称」「３人称」の「１」「２」「３」は，人数とは関係がありません。①②③の番号をつけてあるだけだと思ってください。

　自分と相手以外は全部「３人称」なんだ。

くわしく 「私たち」も１人称

　I だけではなく，自分を含む複数の we（私たち）も１人称です。また，「あなたたち」を表す複数の you も２人称です。

3　3人称単数とは

3人称単数とは，「3人称で，しかも単数」ということです。Iとyou以外の単数（1人の人や1つの物）はすべて3人称単数です。

	単数	複数
1人称	I（私）	we（私たち）
2人称	you（あなた）	you（あなたたち）
3人称	自分と相手以外のすべて 例 he（彼），she（彼女） 　　Ken（健） 　　my father（私の父） 　　this book（この本）	自分と相手以外のすべて 例 they（彼ら，彼女ら） 　　Ken and Yuji（健と雄二） 　　my parents（私の両親） 　　these books（これらの本）

4　主語が3人称単数のときの動詞の形

一般動詞の文では，主語が3人称単数のときは，**動詞にsをつけな**ければなりません。

「彼は犬が好きです。」という場合は，He **likes** dogs.となります。×He like dogs.とするのはまちがいです。主語が3人称単数のとき，動詞にsをつけるのを忘れないようにしましょう。

> I live in Yokohama.　（私は横浜に住んでいます。）　♪02
> She lives in Yokohama.　（彼女は横浜に住んでいます。）

くわしく──3人称単数現在形

主語が3人称単数で，現在の文のときの動詞の形を3人称単数現在形と言い，これを省略して3単現と呼ぶことがあります。

また，3単現のときの動詞につくsを「3単現のs」と呼ぶこともあります。

3単現はサンタンゲンって読むよ。

✓チェック問題

次の　　　に適する語を入れましょう。

(1)　ベッキーは日本が大好きです。

　　　Becky ＿＿＿＿＿＿ Japan very much.

(2)　私の父は7時に起きます。

　　　My father ＿＿＿＿＿＿ up at seven.

解　答

(1)　likes
　　▶Becky は3人称単数なのでsをつける。

(2)　gets
　　▶my father は3人称単数なのでsをつける。

121

2　3人称単数現在形のつくり方

一般動詞の3単現の語形変化（sやesのつけ方）

基本例文

Kumi **has** a big dog.

（久美は大きな犬を飼っています。）

♪03

ここで
学　習
すること

> 主語が3人称単数のときは基本的に動詞にsをつけます。
> ただし，study（勉強する）→studies，have（持っている）→hasなどのように，
> 変化に注意すべき動詞もあります。

1　基本のつくり方

大部分の動詞の3人称単数現在形は，最後にsをつけるだけです。
語尾のsは［z ズ］と発音するのが基本です。

> じつは，p.95〜96
> で学習した名詞の
> 複数形のsのつけ
> 方とまったく同じ
> ルールなんだよ。

♪04

play（〈スポーツなどを〉する）	→ plays	come（来る）	→ comes
know（知っている）	→ knows	live（住んでいる）	→ lives
see（見える）	→ sees	read（読む）	→ reads

動詞の最後の発音が［k ク］，［t ト］，［p プ］，［f フ］のときは，
語尾のsは［s ス］と発音します。

♪05

like（好む）	→ likes	speak（話す）	→ speaks
make（作る）	→ makes	take（取る）	→ takes
get（手に入れる）	→ gets	want（ほしい）	→ wants
write（書く）	→ writes	help（手伝う）	→ helps

 S　**ds や ts の発音**

readsのdsの部分や，getsの
tsの部分は，まとめて1つの子音
のように発音します。readsは［リ
ードズ］ではなく［リーヅ］に近い
音です。同様にgetsは［ゲットス］
ではなく［ゲッツ］に近い音です。

2 ｜ esをつける動詞

s, x, ch, shで終わる動詞には，sではなく**es**をつけます。この
esは［iz イズ］と発音します。

> pass（手渡す）→ passes　　teach（教える）→ teaches　♪06
> watch（見る）→ watches　　wash（洗う）　→ washes

3 ｜ yをiに変えてesをつける動詞

yで終わる語のうちstudy（勉強する）やtry（ためす）は，最後
の**y**を**i**に変えて**es**をつけます。

> study（勉強する）　→ studies　　try（ためす）→ tries　♪07

4 ｜ haveなど，注意すべき動詞

have（持っている）は，不規則に変化して**has**となります。ま
た，go, do, sayはつづりと発音に注意してください。

> have（持っている）　→ has　　go（行く）　→ goes　♪08
> do（〈宿題などを〉する）→ does　　say（言う）→ says

says の発音が意外
でした。

くわしく esの発音

　次の動詞は，原形の語尾がeで終
わるのでsだけをつけますが，語尾
のesは［iz イズ］と発音します。
・practice（練習する）
　→practices
・use（使う）→uses
・change（変える）
　→changes

テストで注意 play や stay には
　　そのまま s

　yで終わる語がすべてy→iesに
なるわけではありません。yの前が
a, i, u, e, oの動詞は，yのあとに
そのままsをつけます。
・play→plays
・stay（とどまる）→stays

チェック問題

次の ＿＿＿ に適する語を入れましょう。

(1) 私の兄は犬を飼っています。

　　My brother ＿＿＿＿＿＿ a dog.

(2) トムは毎日，日本語を勉強します。

　　Tom ＿＿＿＿＿＿ Japanese every day.

解　答

(1) has
　　▶「飼っている」はhaveで
　　　表す。
(2) studies
　　▶studyはyをiに変えてesを
　　　つける。

3 主語による動詞の変化

主語による一般動詞の変化の整理

基本例文

♪09

They **live** in Yokohama.

（彼らは横浜に住んでいます。）

ここで **学習** すること

主語が複数のときは，一般動詞はIやyouのときと同じ形を使います。

| 主語が3人称単数 | **He** | **lives** in Yokohama. | （彼は横浜に住んでいます。） |
| 主語が複数 | **They live** | **in Yokohama.** | （彼らは横浜に住んでいます。） |

動詞にsをつけない

主語が3人称単数のときは，一般動詞にsをつけますが，動詞にsをつけるのは，3人称「**単数**」のときだけです。主語が複数のときはsをつけないので注意してください。

		主語	動詞の形	
3人称	単数	He（彼）など	plays	〜．
	複数	They（彼ら），Ken and Yuji（健と雄二）など	play	

テストで注意 **3人称複数の主語**

they（彼ら・彼女ら）や，Ken and Yuji（健と雄二），my parents（私の両親）などは3人称「複数」なので，動詞にsはつけません。

sをつけるのは，Iとyou以外で「単数」のときだけ。

✓チェック問題

次の ＿＿＿ に適する語を入れましょう。

(1) 美樹と由香はバレーボールが好きです。

Miki and Yuka ＿＿＿＿＿＿ volleyball.

(2) ベンの両親はニューヨークに住んでいます。

Ben's parents ＿＿＿＿＿＿ in New York.

解答

(1) like
▶Miki and Yuka は複数。

(2) live
▶Ben's parents は複数。

124

4 He doesn't play ～.

主語が3人称単数のときの，一般動詞の否定文

基本例文 ♪10

He **doesn't** play tennis.

（彼はテニスをしません。）

「～しません」と言うとき，主語が3人称単数のときは，動詞の前にdoesn'tを入れます。このとき，動詞にsはつけません。

| ふつうの文 | He | plays tennis. | （彼はテニスをします。） |

↓ 動詞の前にdoesn'tを入れる。動詞にsはつけない

| 否定文 | He doesn't <u>play</u> tennis. | （彼はテニスをしません。） |

「～しません」という否定文は，主語が3人称単数のときは，動詞の前に**does not**を入れます。短縮形の**doesn't**がよく使われます。否定文では，動詞はsのつかないもとの形（原形）にします。

She cooks.	（彼女は料理をします。）	♪11
She does not cook.	（彼女は料理をしません。）	
Bill teaches math.	（ビルは数学を教えています。）	
Bill doesn't teach math.	（ビルは数学を教えていません。）	

テストで注意 動詞の形に注意！

否定文では，動詞にsをつけないようにしましょう。doesn'tがあるだけで「3人称単数現在の文である」ということは表現されているので，動詞にまでsをつける必要はないのです。
○ She doesn't cook.
× She doesn't *cooks*.

✓チェック問題

次の ____ に適する語を入れましょう。

(1) 彼はそのコンピューターを使いません。

He _____ _____ the computer.

(2) 私の妹は犬が好きではありません。

My sister _____ _____ dogs.

解答

(1) doesn't, use
▶否定文では動詞は原形を使う。

(2) doesn't, like

125

5 | Does he play 〜?

主語が3人称単数のときの,「〜しますか」とたずねる文とその答え方

基本例文

♪12

Does Ms. Baker speak Japanese?

（ベーカー先生は日本語を話しますか。）

ここで **学習** すること

「〜しますか」とたずねるとき,主語が3人称単数（にんしょう）の場合はDoesで文を始めます。このとき,動詞にsはつけません。

| ふつうの文 | **He likes tennis.** | （彼はテニスが好きです。） |

↓ Doesで文を始める。動詞にsはつけない

| 疑問文 | **Does he like tennis?** | （彼はテニスが好きですか。） |

1 疑問文のつくり方

「〜しますか」という疑問文は,主語が3人称単数のときは,**Does**で文を始めます。

疑問文では,動詞はsがつかないもとの形（原形）にします。

♪13

| Mr. Yamada likes tennis. | （山田さんはテニスが好きです。） |
| Does Mr. Yamada like tennis? | （山田さんはテニスが好きですか。） |

| Ryoko plays the piano. | （良子はピアノを弾（ひ）きます。） |
| Does Ryoko play the piano? | （良子はピアノを弾きますか。） |

| Mark has a car. | （マークは車を持っています。） |
| Does Mark have a car? | （マークは車を持っていますか。） |

疑問文では動詞は原形。
×Does he *plays* 〜?
などとしないでね。

2 Does 〜?への答え方

Does 〜?の疑問文に対しては、**Yes, 〜 does.** か **No, 〜 does not.** で答えます。短縮形を使って、No, 〜 doesn't. と答えることもできます。

答えの文では、疑問文の主語を代名詞（he, she, it のどれか）にして使います。

Does Jim speak Japanese? （ジムは日本語を話しますか。）♪14
— Yes, he does. （はい、話します。）
— No, he does not. （いいえ、話しません。）

Does your mother drive? （あなたのお母さんは運転しますか。）
— Yes, she does. （はい、運転します。）
— No, she doesn't. （いいえ、運転しません。）

Does this bus go to the library? （このバスは図書館に行きますか。）
— Yes, it does. （はい、行きます。）
— No, it doesn't. （いいえ、行きません。）

テストで注意 your mother など

your mother（あなたのお母さん）などは3人称単数の主語なので、Does を使います。your に引きずられてまちがえないようにしましょう。

○ Does your mother drive?
（あなたのお母さんは運転しますか。）

× *Do* your mother drive?

くわしく 代名詞の使い方

Yes, 〜 does. / No, 〜 doesn't. の主語の部分（「〜」の部分）には、具体的な人名などではなく、代名詞（→p.174）を入れます。

Does 〜?の疑問文の場合、he, she, it のどれかになります。次のルールにしたがって、he, she, it のいずれかを使いましょう。

・男性→he
・女性→she
・物または動物→it

チェック問題

次の ___ に適する語を入れましょう。

(1) 彼は上手に泳ぎますか。

　　_____ he _____ well?

(2) はい、泳ぎます。〔(1)の答え〕

　　Yes, _____ _____.

(3) あなたのお姉さんは歩いて学校に行きますか。

　　_____ your sister _____ to school?

(4) いいえ、歩いては行きません。〔(3)の答え〕

　　No, _____ _____.

解答

(1) Does, swim
　▶疑問文では動詞は原形。

(2) he, does

(3) Does, walk

(4) she, doesn't

定期テスト予想問題 ⑧

1 次の（　）の語を適する形にして，＿＿＿＿に書きなさい。　　【10点×4】

(1) She ＿＿＿＿＿＿ to the park on Sundays.　(go)

(2) He ＿＿＿＿＿＿ a dog.　(have)

(3) ＿＿＿＿＿＿ Ken live in Tokyo?　(do)

(4) My brother ＿＿＿＿＿＿ like soccer.　(don't)

2 次の[　]内の語を並べかえて，日本文の意味を表す英文をつくりなさい。　　【10点×3】

(1) [Emi, apples, likes].　(絵美はリンゴが好きです。)

(2) [a, computer, Taro, does, want]?　(太郎はコンピューターをほしがっていますか。)

(3) [the, doesn't, Mary, play, flute].　(メアリーはフルートを吹きません。)

3 次の英文を読んで，下の質問に英語で答えなさい。　　【15点×2】

> *Mary:* Do you know this girl?
> *Kumi:* Yes, I do.　She is Alice.　She is my friend.
> 　　　　 She studies Japanese in Kyoto.
> *Mary:* Does she write e-mails in Japanese?
> *Kumi:* Yes.　I write in English, and she writes in Japanese.
> *Mary:* Great!

(1) Does Alice study Japanese?

(2) Does Kumi write e-mails to Alice in Japanese?

1 What is 〜?

Whatで始まる be動詞の疑問文

基本例文

What's this?

（これは何ですか。）

♪01

ここで 学 習 すること

「〜は何ですか？」は What is 〜?でたずねます。

What is 〜?には It's 〜.（それは〜です。）の形で答えます。

This is 〜.の文　　　**This is a watch.**　　（これは腕時計です。）

Whatは文の最初 ↓　↓ is thisの語順に

Whatの文　　　**What is this?**　　　　　（これは何ですか。）

---

1 「何ですか?」とたずねる文

「〜は何ですか」は**What is 〜?**でたずねます。What isの短縮形**What's**もよく使われます。

whatは「何」という意味の疑問詞で，いつも文の最初にきます。

What's this?　　　（これは何ですか。）　　♪02
What's that?　　　（あれは何ですか。）

What isのあとにはthisやthatだけでなく，いろいろなものを入れて，「〜は何ですか」とたずねることができます。

What's that tall building?　（あの高い建物は何ですか。）♪03
What's your favorite subject?（あなたの大好きな教科は何ですか。）
What's "juku" in English?
　　　（英語で「塾」は何ですか。→「塾」は英語で何と言うのですか。）

くわしく ▶ 疑問詞とは

what（何），who（だれ），how（どう），when（いつ），where（どこ）などをまとめて疑問詞と呼びます。疑問詞はいつも文の最初におくのが原則です。

S スピーキング 🎤 What 〜?の疑問文の読み方

Do you 〜?の疑問文は最後を上げ調子で発音するのが基本ですが，What 〜?などの疑問文は，最後を下げ調子で発音することが多いです。

2　答え方

What is ～?（～は何ですか。）と聞かれたら, ふつう it（それ）を主語にして **It is ～.**（それは～です。）の形で答えます。It is の短縮形 **It's** もよく使われます。

What's this?	（これは何ですか。）　♪04
—It's a ham sandwich.	（ハムのサンドイッチです。）
What's that building?	（あの建物は何ですか。）
—It's a gym.	（体育館です。）

3　What are ～?

複数のときは What **are** ～? でたずねます。答えの文では **They are ～.**（短縮形は They're）を使います。

What are these?	（これらは何ですか。）　♪05
—They're notebooks.	（ノートです。）
What are those trees?	（あれらの木は何ですか。）
—They're cherry trees.	（桜の木です。）

テストで注意　It's ～. で答える!

話に初めて出てきた物を直接さし示すときには this / that を使い, 一度話に出てきたものをさすときには it を使うというのが原則です。ですので, What's this? や What's that? には It's ～. の形で答えるのが基本です。

複数のときは, this の代わりに these（これら）, it の代わりに they を使うよ。

✓チェック問題

次の ＿＿ に適する語を入れましょう。

(1) これは何ですか。　　＿＿＿＿＿＿ is ＿＿＿＿＿＿?

(2) それはノートです。[(1)の答え]　＿＿＿＿＿＿ a notebook.

(3) あれは何ですか。　　＿＿＿＿＿＿ ＿＿＿＿＿＿?

(4) それは学校です。[(3)の答え]　＿＿＿＿＿＿ a school.

解答
(1)　What, this
(2)　It's
▶What is this? には It's ～. で答える。
(3)　What's, that
(4)　It's

11章／What ～?

What do you 〜?

Whatで始まる一般動詞の疑問文

♪06

基本例文

What do you have in your bag?

（あなたはかばんの中に何を持っていますか。）

ここで
学習
すること

「何を持っていますか」とたずねるときは，What（何）を文の最初におき，そのあとにdo you have 〜?の疑問文の形を続けます。

疑問文　　**Do you have a book in your bag?** （あなたはかばんの中に本を持っていますか。）

Whatを疑問文の最初におく

Whatの疑問文　　**What do you have in your bag?** （あなたはかばんの中に何を持っていますか。）

1 　「何を持っていますか」 など

「何を持っていますか」「何がほしいですか」のように，一般動詞を使って「何を〜」とたずねる**What**の疑問文は，Whatのあとにdo you 〜?などの一般動詞の疑問文を続けます。

答えるときはふつう，疑問文で使われた一般動詞を使います。

What do you have in your hand?　　♪07

（あなたは手に何を持っているのですか。）

—I have an eraser.　　（消しゴムを持っています。）

What do you have for breakfast? （あなたは朝食に何を食べますか。）
—I have fruit.　　（果物を食べます。）

What do you study at home? （あなたは家では何を勉強しますか。）
—I study English and math.　　（英語と数学を勉強します。）

発展　**What do you 〜?の what**

What do you have?のwhatは「何を」という意味で，一般動詞haveの目的語になっています。目的語はふつう動詞のあとにきますが，疑問詞なので文の最初にきています。(p.176)

132

2 「何をしますか」

「する」という意味の動詞doを使って,「(ふだん) 何をしますか」とたずねることができます。

What do you usually do on Sundays? ♪08

（あなたは日曜日にはたいてい何をしますか。）

—**I play tennis.** （テニスをします。）

3 What does 〜?

主語が3人称単数のときはWhat **does** 〜?の形になります。

What does your mother have for breakfast? ♪09

（あなたのお母さんは朝食に何を食べますか。）

—**She usually has some toast.** （ふつうはトーストを食べます。）

> **くわしく** 「する」の意味のdo
>
> 「何をしますか。」とたずねるときは, What do you <u>do</u>?と言います。後ろのdoは「する」という意味の一般動詞です。What do you do?とだけたずねると,「あなたは（ふだん）何をしている方ですか」の意味で, 職業をたずねる質問になります。
> ・What do you do?
> （ご職業は？）
> —I teach English.
> （英語を教えています。）

11章／What 〜?

✓ チェック問題

次の ____ に適する語を入れましょう。

(1) あなたは今何がほしいですか。―新しい自転車がほしいです。

_____ _____ _____ want now?

—I _____ a new bike.

(2) あなたは朝食に何を食べますか。

―私はたいていご飯を食べます。

_____ _____ you have for breakfast?

—I usually _____ rice.

(3) 高木先生は何を教えますか。―彼女は音楽を教えます。

_____ _____ Ms. Takagi teach?

—_____ _____ music.

解 答

(1) What, do, you
　　want

(2) What, do
　　have[eat]

(3) What, does
　　She, teaches

133

What sports 〜？など

Whatのあとに名詞をおき，「何の〜？」とたずねる文

基本例文

♪10

What sports do you like?

（あなたは何のスポーツが好きですか。）

ここで
学習
すること

「何のスポーツが好きですか」などのように，「何の〜？」「どんな〜？」とたずねるときは，〈what＋名詞〉の形を使います。

| Do you 〜? | **Do you like <u>baseball</u>?** | （あなたは野球が好きですか。） |
| What＋名詞〜? | **What sports do you like?** | |

↑「何のスポーツ」　　　（あなたは何のスポーツが好きですか。）

1 「何の〜？」とたずねるとき

　疑問詞**what**には，「何」という意味のほかに「何の〜」という意味もあり，あとに名詞をおいて使います。**「何のスポーツ」**なら**what sport(s)**です。

　「何の〜？」とたずねるときは，〈What＋名詞〉で文を始めて，あとにはdo you 〜?の疑問文を続けます。

♪11

What subjects do you like?　（あなたは何の教科が好きですか。）
―I like English and music.　（私は英語と音楽が好きです。）

What animals do you like?　（あなたは何の動物が好きですか。）
―I like dogs.　（私は犬が好きです。）

テストで注意 What's sports 〜?としない!

　「何のスポーツ〜」とたずねるつもりで，×*What's* sports 〜?としてしまうまちがいが多いです。what'sはwhat isの短縮形で，「何の」という意味は表さないので注意しましょう。

× *What* do you like *sports*? というまちがいも多いから注意して!

2 What … does 〜?

主語が3人称単数のときはWhat … **does** 〜?の形になります。

What languages does he speak? ♪ 12

(彼は何語を話しますか。)

—He speaks English and Spanish.

(彼は英語とスペイン語を話します。)

3 What kind of 〜?

「どんな種類の〜」とたずねるときは,「種類」という意味のkindを使って, **What kind of 〜?** とします。

What kind of music do you like? ♪ 13

(あなたはどんな種類の音楽が好きですか。)

—I like Japanese rock music. (私は日本のロックが好きです。)

✍くわしく **whatのあとの名詞の形**

whatのあとの名詞は,文の内容によって単数形になることも複数形になることもあります。一般的に,複数の答えが想定されるときには複数形を使います。

11章／What 〜?

☑チェック問題

次の ____ に適する語を入れましょう。

(1) あなたのお兄さんは何のスポーツをしますか。

　—彼はテニスとバスケットボールをします。

　_____ sports ____ your brother play?

　—He _____ tennis and basketball.

(2) あなたのお母さんは何色が好きですか。

　—彼女は緑とオレンジが好きです。

　_____ colors _____ your mother like?

　—She _____ green and orange.

解　答

(1) What, does

　plays

(2) What, does

　likes

135

定期テスト予想問題 ⑨

時間 20分
解答 p.255

得点 ／100

1 次の（　）の中から適するものを選び，○で囲みなさい。 【8点×5】

(1) What (does, are, is) that?

(2) What (do, does, are) you want?

(3) What languages (does, do, are) they speak?

(4) What food (is, are, does) Mr. Beck like?

(5) What (animals, flowers, subjects) do you like? — I like math and science.

2 次の英文は男子中学生のさとしのスピーチです。これを読んで，下の質問に英語で答えなさい。

【15点×2】

> Hello, everyone. I'm Satoshi. What food do you like? I like sushi. My mother sometimes makes it. It's very good.
> What do you and your family do on Sundays? My father and I cook in the kitchen on Sundays. It's fun.

(1) What food does Satoshi like?

_____

(2) What do Satoshi and his father do on Sundays?

_____

3 次の質問にあなたならどう答えますか。あなた自身のことを英語で答えなさい。 【15点×2】

(1) What subjects do you like at school?

_____

(2) What sports do you play?

_____

12章

時刻・曜日・日付

時刻の言い方・たずね方

「～時です」と時刻を言ったり，「何時ですか」と時刻をたずねたりする文

基本例文

What time is it?

♪01

（何時ですか。）

ここで 学 習 すること

時刻をたずねたり，答えたりするときはitを主語にします。

「○時○分です」は，It isのあとに「時」「分」の数字を並べて表します。

| 時刻をたずねる文 | **What time is it?** | （何時ですか。） |

↳ 時刻を表すときはitを使う ↰

| 時刻を言う文 | **It is ten twenty-five.** | （10時25分です。） |

1 時刻をたずねる文

「今，何時ですか。」は，what time（何時）を使って**What time is it?** とたずねます。（時刻を言う文はitを主語にします。このitには「それ」という意味はありません。）

2 時刻を言う文

時刻を言う文は**it**を主語にします。

「今は～時…分です。」と言うときには，It isのあとに「時」「分」の順番で数字を並べます。

What time is it?	（今，何時ですか。）	♪02
—It's five thirty.	（5時30分です。）
—It's ten twenty.	（10時20分です。）
—It's eleven forty-five.	（11時45分です。）

くわしく ― 時刻を表すit

時刻を言うときにはitを主語にしますが，このitは特に何かをさしているわけではありません。itは時刻だけでなく，曜日・天気・寒暖・距離などを言うときの主語としても使われます。

「5時30分」は「5」「30」のように数字を並べて読むだけでOK!

ちょうどの時刻について「〜時（ちょうど）です」と言うときは，It's 〜 **o'clock**.で表します。

ただしo'clockは省略されることも多く，「〜時」を表す数字だけを言ってもかまいません。

It's ten o'clock. （10時です。） ♪03
It's ten. （10時です。）

3 **「午前」「午後」などの言い方**

「朝の9時」「夜の8時」のように言いたいときには，右の語句を時刻のあとにつけ加えて表します。

in the morning	（朝の，午前中の）
in the afternoon	（午後の）
in the evening	（晩の）
a.m.	（午前）
p.m.	（午後）

What time is it in London? （ロンドンでは今何時ですか。）♪04
—It's seven in the morning. （朝の7時です。）
—It's 9 p.m. （午後9時です。）

参考 o'clockを使うのは ちょうどの時刻のときだけ

o'clockは，1時，2時，3時などのちょうどの時刻のときにだけ使います。1時10分や1時30分のような，中途半端な時刻には使えません。

〇It is four o'clock.
（4時です。）
×It is four *o'clock*
twenty. （4時20分です。）

W ✎ ライティング a.m.とp.m.の使い方

a.m.（午前）とp.m.（午後）はふつう小文字で書き，必ず時刻のあとにおきます。
×*A.M.* 6
〇6 a.m.

くわしく 「正午」「深夜」

「正午（昼の12時）」はnoon，「深夜（夜の12時）」はmidnightと言います。

12章／時刻・曜日・日付

 チェック問題

次の ____ に適する語を入れましょう。

(1) 今何時ですか。—4時です。

_____ is it?
—_____ four _____.

(2) トロントでは今，午後3時30分です。

It's _____ _____ in the
_____ in Toronto now.

解答

(1) What, time
It's, o'clock

(2) three, thirty
afternoon
▶「午後の」は in the
afternoon。

2 「〜時に…します」の言い方

動作をする時刻を言う文・たずねる文

> **基本例文**

♪05

What time do you get up in the morning?

（あなたは朝，何時に起きますか。）

ここで学習すること

「〜時に…します」と言うときは at を使います。「何時に〜しますか」は What time do you 〜? などの形でたずねます。

> する時刻をたずねる文　**What time do you get up?**（あなたは何時に起きますか。）
> 時刻をたずねるときは，What time で始める

> する時刻を言う文　**I get up at six thirty.**（私は6時30分に起きます。）

1　「何時に〜しますか」とたずねる文

「何時に〜しますか」とたずねるときは，まず **What time** を文の最初におき，そのあとに **do you 〜?** や **does he 〜?** などの一般動詞の疑問文の形を続けます。

What time do you have breakfast?　　♪06
（あなたは何時に朝食を食べますか。）

What time do you leave home?
（あなたは何時に家を出ますか。）

What time does your father go to bed?
（あなたのお父さんは何時に寝ますか。）

2　「○時に〜します」の文

「○時○分に〜します」と伝えるときは，まず「〜します」という

> **テストで注意**　is や are は使わない!

一般動詞の疑問文では do か does を使います。p.90で学習したとおり，一般動詞を使う文では be 動詞は使いません。

×What time *are* you have 〜?

などとしないように注意しましょう。

> 一般動詞の疑問文の前に What time をつけるだけなんだよ。

ふつうの文をつくり，そのあとに〈**at**＋時刻〉を続けます。

「○時**ごろに**」と言いたいときは〈at **about**＋時刻〉を使います。

I leave home at eight o'clock.　（私は8時に家を出ます。）♪ 07
My mother goes to bed at about ten thirty.

（私の母は10時30分ごろに寝ます。）

3 **1日の中のいろいろな動作**

「○時に〜します」と言うときに役立つ，1日の中の基本的な動作の言い方を覚えておきましょう。

♪ 08

get up	起きる	get home	家に着く
have breakfast	朝食を食べる	do my homework	宿題をする
leave home	家を出る	take a bath	ふろに入る
get to school	学校に着く	go to bed	寝る

くわしく 「○時ごろ」の言い方

「○時ごろ」はaboutの代わりにaroundもよく使われます。また，aboutの前のatを省略する言い方もあります。

「10時ごろに」
・about ten
・around ten
・at about[around] ten

参考 「12時」の言い方

「12時に」はat twelve（o'clock）と表しますが，次のような言い方もあります。
〈昼の12時に〉
・at noon
・at twelve（o'clock）noon
〈深夜の12時に〉
・at midnight
・at twelve（o'clock）midnight

チェック問題

次の ____ に適する語を入れましょう。

(1) あなたは毎朝何時に起きますか。—8時45分に起きます。

_____ _____ do you get up every morning?

—I get up _____ _____ _____.

(2) ジェームズは何時に朝食を食べますか。—7時ごろに食べます。

_____ _____ does James eat breakfast?

—He _____ breakfast at _____ seven.

(3) その子どもたちは何時に寝ますか。—9時ごろです。

_____ _____ do the children go to bed?

—_____ nine.

解　答

(1) What，time

at，eight，forty-five

(2) What，time
eats[has]，about
[around]

(3) What，time
About[Around]

141

曜日の言い方・たずね方

「何曜日ですか」とたずねる文と答え方

♪09

What day is it today?

（今日は何曜日ですか。）

曜日は What day でたずねます。曜日を言う文は it を主語にします。

| 曜日をたずねる文 | **What day is it today?** | （今日は何曜日ですか。） |
| 曜日を言う文 | **It's Friday.** | （金曜日です。） |

1 曜日の言い方

　曜日の言い方を確認しておきましょう。曜日の名前は，いつでも大文字で書き始めます。

♪10

日曜日	Sunday	木曜日	Thursday
月曜日	Monday	金曜日	Friday
火曜日	Tuesday	土曜日	Saturday
水曜日	Wednesday		

2 曜日をたずねる文

　「今日は何曜日ですか。」は，**What day is it today?** でたずねます。答えるときは it を主語にして It's 〜.の形で答えます。

What day is it today?　（今日は何曜日ですか。）　♪11
—**It's Friday.**　（金曜日です。）

> **参考** 「○曜日に」の言い方
>
> 「○曜日に」と言うときは on を使います。また，「毎週○曜日に」という意味を表すために，曜日名を複数形にすることもあります。
>
> ・I go to the library on Sundays.
>
> （私は毎週日曜日に図書館に行きます。）

> **くわしく** その他の曜日のたずね方
>
> 「今日は何曜日ですか。」は，it ではなく today を主語にして What day is today?とたずねることもあります。

4 日付の言い方（序数）・たずね方

「何日ですか」とたずねる文，序数

基本例文

♪12

What's the date today?

（今日は何日ですか。）

ここで **学習** すること

日付は first, second…などの序数で言います。「何日ですか」は what's the date でたずねます。

日付をたずねる文　**What's the <u>date</u> today?** （今日は何日ですか。）
　　　　　　　　　　　　　　　日付

1　月の言い方

　英語では，ひとつひとつの月に名前がついています。言い方を確認しておきましょう。また，月の名前は，いつでも大文字で書き始めます。

				♪13
1月	January	7月	July	
2月	February	8月	August	
3月	March	9月	September	
4月	April	10月	October	
5月	May	11月	November	
6月	June	12月	December	

2　序数

　「○月○日」と言うときの「○日」は**序数**を使って表します。

　序数とは「1番目，2番目…」のように順序を表すときの言葉で，個数などを表す基数（→ p.98）とは形が異なります。

> 曜日名と月名のつづりって，なんか素直じゃないよね。

くわしく　序数で表せること

　序数は日本語の「○番目」「第○」にあたるもので，順序を表します。日付以外にも，次のような場合に使われます。

・the first time（1回目）
・the second corner
　（2番目の曲がり角）
・the twenty-first century
　（21世紀）

20までの序数は次のように表します。

				♪14
1番目	first	11番目	eleventh	
2番目	second	12番目	twelfth	
3番目	third	13番目	thirteenth	
4番目	fourth	14番目	fourteenth	
5番目	fifth	15番目	fifteenth	
6番目	sixth	16番目	sixteenth	
7番目	seventh	17番目	seventeenth	
8番目	eighth	18番目	eighteenth	
9番目	ninth	19番目	nineteenth	
10番目	tenth	20番目	twentieth	

21以降はtwenty-first（21番目），twenty-second（22番目）のように表します。

				♪15
21番目	twenty-first	40番目	fortieth	
22番目	twenty-second	50番目	fiftieth	
23番目	twenty-third	60番目	sixtieth	
⋮		70番目	seventieth	
29番目	twenty-ninth	80番目	eightieth	
30番目	thirtieth	90番目	ninetieth	

3 「○月○日です」の言い方・たずね方

日付は，例えば「1月1日」ならJanuary firstのように「月の名前」と「日にち（序数）」を並べて言います。

日にちは，January 1のように数字で書いてあるときでも，January firstのように序数で読むのがふつうです。

「今日は何日ですか。」はdate（日付）という単語を使って**What's the date today?**でたずねます。この質問に対しては**It's ～.**の形で答えます。

テストで注意 「thをつけるだけ」のうっかりミスに注意!

4番目以降は基数にthをつけるだけのように見えますが，fifth, eighth, ninth, twelfthなどは少しちがいます。つづりに注意してください。

W ライティング 省略した書き方

序数は，次のように省略して表記されることもあります。（ただし学校のテストなどでは，省略せずに書きましょう。）
・1st（first）
・2nd（second）
・3rd（third）
・4th（fourth）
　　　⋮
・20th（twentieth）

発展 100以上の序数

次のように表します。
・100番目
　…one hundredth
・101番目
　…one hundred (and) first
・999番目
　…nine hundred
　　(and) ninety-ninth

くわしく theを使うこともある

日付を言うときには，January the firstやthe first of Januaryのように，日にちの前にtheをつけて読むこともあります。

What's the date today? (今日は何日ですか。) ♪16
—**It's February 18.** (2月18日です。)
—**It's April 5.** (4月5日です。)
—**It's December 31.** (12月31日です。)

4 年の言い方

　年（西暦）は，1999年ならnineteen ninety-nine，2021年なら
twenty twenty-oneのように2けたずつ区切って読みます。

　2000年以降は，two thousand twenty-one（2021年）のように
two thousand ～ という読み方もよく使われます。

　アメリカ英語では〈月　日，年〉の順序で表記するのがふつうで
す。

November 9, 1989 （1989年11月9日） ♪17
May 22, 2021 （2021年5月22日）

> What day is it today?
> （今日は何曜日ですか）
> と混同しないでね！

参考 イギリス英語の日付の表記

イギリス英語では〈日 月 年〉の順序で表記されます。
・22 May 2021
（2021年5月22日）

☑ チェック問題

次の ___ に適する語を入れましょう。日付はつづりを書きましょう。

(1) 今日は何日ですか。—3月3日です。

　___ the ___ today?
　—It's ___ ___.

(2) 今日は何日ですか。—4月27日です。

　___ the ___ today?
　—It's ___ ___.

解答

(1) What's，date
　　March，third

(2) What's，date
　　April，twenty-seventh

定期テスト予想問題 ⑩

時間▶ 20分　解答▶ p.255

得点 ╱100

1 次の曜日名・月名を英語で表しなさい。　　　　　　　　　　　　　【5点×4】

(1) 火曜日　_____　(2) 木曜日　_____

(3) 2月　_____　(4) 5月　_____

2 次の英文の _____ に適する語を入れて，日本文に合う英文を完成させなさい。　　【10点×5】

(1) What _____ is _____ today?　（今日は何曜日ですか。）

(2) _____ the _____ today?　（今日は何日ですか。）

(3) What _____ is _____?　（今，何時ですか。）

(4) _____ _____ do you leave home?　（あなたは何時に家を出ますか。）

(5) It's eleven _____ in the _____.　（午前11時です。）

3 次の英文を読んで，下の質問に英語で答えなさい。　　　　　　　　【15点×2】

Hi, I'm Shinobu.　I'm a girl student in Tokyo.

This is my morning schedule.

I get up at six thirty in the morning from Monday to Friday.

I eat breakfast at seven o'clock.　I leave home at eight.

I get to school at eight thirty.

It is Saturday tomorrow.　I get up at seven on Saturday and Sunday.

(1) What time does Shinobu get up from Monday to Friday?

_____

(2) What day is it today?

_____

13章

How ～?

1 　How is 〜? / How are 〜?

「〜はどうですか」と状態やようすをたずねる文

基本例文

♪01

How's your mother?

（お母さん〈の調子〉はどうですか。→お元気ですか。）

ここで
学習
すること

「〜はどうですか」は How is 〜? / How are 〜? でたずねます。

| 主語が3人称単数 | **How is she?** | （彼女〈の調子〉はどうですか。） |

どう

| 主語がyouや複数 | **How are your parents?** | （ご両親〈の調子〉はどうですか。） |

「〜はどうですか」のように「状態」「ようす」「感想」などをたずねるときは，疑問詞 **how**（どのように，どんな具合で）を使います。
How is の短縮形 **How's** もよく使われます。

How's your school?　（学校はどうですか。）　♪02
How's your sister?　（お姉さん〈の調子〉はどうですか。）

主語が you や複数のときは，be動詞は **are** を使います。

How are your parents?　（ご両親〈の調子〉はどうですか。）　♪03

✔確認　**How are you? の意味**

日常のあいさつ How are you? は文字通りには「あなた〈の調子〉はどうですか」という意味です。

「どう？」と聞くときに使うのが How だよ。

✅チェック問題

次の＿＿＿に適する語を入れましょう。

お兄さんはお元気ですか。

＿＿＿＿＿＿＿＿ your brother?

解答

How's

148

2　天気を言う文・たずねる文

天気の言い方とたずね方

基本例文

How's the weather?

（天気はどうですか。）

> **ここで学習すること**

天気は How is the weather? でたずねます。

天気をたずねる文	**How is the weather?**	（天気はどうですか。）
	どう　　　　　　　天気	
天気を答える文	**It's sunny.**	（晴れています。）

1　天気を表す語

いろいろな天気や暑さ・寒さを表す形容詞を確認しておきましょう。

♪ 05

晴れた	sunny	くもりの	cloudy
雨の	rainy	雪の	snowy
暑い	hot	寒い	cold
暖かい	warm	すずしい	cool

2　天気のたずね方

天気は **How is the weather?** でたずねます。答えるときは **It** を主語にします。How is の短縮形の How's もよく使われます。

How's the weather in Okinawa?

♪ 06

（沖縄の天気はどうですか。）

— It's cloudy today.

（今日はくもりです。）

くわしく　天気のいろいろな言い方

雨・雪については，現在進行形（→p.184）を使って It's raining.（雨が降っています。），It's snowing.（雪が降っています。）のように言うことも多いです。

晴れている場合は「今日はいい天気ですね。」の意味で It's a nice day. と言ったり，It's a beautiful day. と言ったりします。

発展　What's ～ like?

What's the weather like?（天気はどうですか。）というたずね方もあります。この like は「好きだ」という意味の動詞ではなく，「～のような」という意味の前置詞です。

3 How do you 〜?

「どうやって〜しますか」とたずねる文とその答え方

基本例文

♪07

How do you come to school?

（あなたはどうやって学校に来ますか。）

ここで
学 習
すること

「どうやって？」のように手段や方法をたずねるときも how を使います。

| ふつうの疑問文 | **Do you come to school by bike?** |

（あなたは自転車で学校へ来ますか。）

「どうやって」「どのように」は How を使う

| Howの文 | **How do you come to school?** |

（あなたはどうやって学校へ来ますか。）

疑問詞 **how** は「どうやって？」「どのように？」のように**手段**や**方法**をたずねるときにも使います。

「どうやって〜しますか」「どのように〜しますか」とたずねる文は How を文の最初におき，そのあとに do you 〜? や does he 〜? などの一般動詞の疑問文の形を続けます。

How do you pronounce this word?   ♪08
（あなたはこの単語をどのように発音しますか。→この単語はどんな発音ですか。）

How do you spend your summer vacation?
（あなたは夏休みをどのように過ごしますか。）

How does your mother get to work? — She drives.
（あなたのお母さんはどうやって仕事場に行きますか。— 車を運転して行きます。）

> **参考** **交通手段の表し方**
> ・〈by ＋乗り物名〉（〜で）
> by bus（バスで）
> by train（電車で）
> by bike（自転車で）
> ・歩く場合
> walk（to 〜）
> （歩いて（〜へ）行く，歩いて（〜へ）来る）

4　How many ～?

「いくつ？」「何人？」と数をたずねる文と答え方

基本例文

How many pens do you have?

（あなたはペンを何本持っていますか。）

ここで 学 習 すること

「いくつ？」と数をたずねるときは，How many を文の最初におき，そのあとに名詞の複数形を続けます。

数をたずねる文 **How many pens do you have?**
「いくつ」　　　 名詞の複数形（あなたは何本のペンを持っていますか。）

1 数をたずねる文

「いくつ～」とものの数をたずねたり，「何人～」と人数をたずねたりするときは**How many**を使います。このHowは「どのくらい」，manyは「多数の」という意味です。

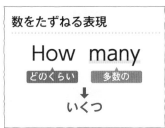

数をたずねる表現

How many
どのくらい　　多数の
↓
いくつ

How manyのあとに名詞をおいて，do you have ～?などの一般動詞の疑問文の形を続けます。How manyのあとの**名詞は複数形**にします。

How many books do you have?　　♪ 10

（あなたは何冊の本を持っていますか。）

How many CDs does Tom have?

（トムは何枚のCDを持っていますか。）

テストで注意 **名詞はHow manyのあと!**

名詞はHow manyのすぐあとにおきます。×How many do you have *books*?のように名詞を最後においてしまうミスが多いので注意してください。

How manyのあとは複数形だよ！

151

2 How many 〜? への答え方

数の言い方は98ページで確認してね

How many 〜? に対しては**数**を答えます。

How many 〜 do you have? に対しては I have 〜. のように数を答えますが，I have などの〈主語＋動詞〉を省略して，数だけを答えることもよくあります。

How many glasses do you have? ♪11
（あなたはいくつのコップを持っていますか。）
— I have five. （私は5個持っています。）

How many comic books do you have? — About fifty.
（あなたは何冊のマンガ本を持っていますか。— 約50冊です。）

How many children do you see? — I see ten.
（何人の子どもが見えますか。— 10人見えます。）

☑ チェック問題

次の___に適する語を入れましょう。

(1) あなたは何匹のねこを飼っていますか。

_____ _____ _____ do you have?

(2) 私は1匹飼っています。［(1)の答え］

I have _____.

(3) 美奈子はかばんの中に何本のペンを持っていますか。

_____ _____ _____ does Minako have in her bag?

(4) 約10本です。［(3)の答え］

_____ _____.

解　答

(1) How, many, cats
▶many のあとの名詞は複数形にする。

(2) one

(3) How, many, pens

(4) About, ten
▶「約〜」は about を使う。

5 How much ～?

量や値段をたずねる文と答え方

基本例文

How much is this bag?

♪ 12

（このかばんはいくらですか。）

ここで 学 習 すること

数えられないものについて「どれくらいの量？」とたずねるときや，物の値段について「いくら？」とたずねるときは，How much を使います。

値段をたずねる文　<u>How much</u> is this bag?　（このかばんはいくらですか。）
「いくら」

水のように数を数えられないものの量をたずねたり，「いくら〜」と金額をたずねたりするときは**How much**を使います。このHowは「どのくらい」，muchは「多量の，多額の」という意味です。

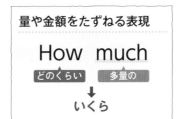

量や金額をたずねる表現

How much
どのくらい　多量の
↓
いくら

How much is this T-shirt?（このTシャツはいくらですか。）♪ 13
— It's 2,000 yen.（2,000円です。）

How much is that watch?（あの腕時計はいくらですか。）
— It's 50 dollars.（50ドルです。）

くわしく 金額には How much

How many は数えられる名詞，How much は数えられない名詞について「どのくらい〜」とたずねるときに使います。英語では金額の多少は「数」ではなく「量」としてとらえるために，How much を使います。money（お金）は water（水）と同じように数えられない名詞です。

参考 「どのくらいの〜」

How muchのすぐあとに名詞が続く場合もあります。数えられない名詞ですから，複数形にはなりません。

・How much money do you have?（あなたはどのくらいのお金を持っていますか。）

6　How old 〜?

「何歳?」と年齢をたずねる文と答え方

基本例文

How old are you?

（あなたは何歳ですか。）

♪14

ここで学習すること

「何歳ですか」「（物が）どのくらい古いですか」とたずねるときは，How old を使います。

年齢をたずねる文　<u>How old</u> are you?　（あなたは何歳ですか。）
「何歳」

「何歳ですか」は How old でたずねます。この How は「どのくらい」，old は「年をとった」という意味です。人だけでなく，物について「どのくらい古いのですか」とたずねるときにも使えます。

How old 〜? に年齢を答えるときはふつう，〜 years old（〜歳）の形で言いますが，years old は省略されることもあります。

How old is your sister?　（あなたのお姉さんは何歳ですか。）　♪15
— She's eighteen.　（彼女は18歳です。）

How old is your school?
（あなたの学校はできてからどのくらいたちますか。）
— It's about fifty years old.　（約50年たちます。）

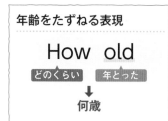

年齢をたずねる表現

How old
どのくらい　年とった
↓
何歳

参考 「1歳」などの言い方

「1歳」は one year old です。1は単数なので，year は複数形にしません。また，The baby is six months old.（その赤ちゃんは6か月です。）という言い方もあります。

スピーキング 相手の年齢をたずねるのは失礼

How old are you? は直接的な質問です。失礼に響くことも多いので，相手との関係や場面をよく考えて使う必要があります。

人だけでなく，物の「年齢」も，How old 〜? で質問できるんだ。

7 How 〜?

「どれくらいの長さですか」と長さをたずねる文と答え方

♪ 16

基本例文

How long is this bridge?

（この橋はどれくらいの長さですか。）

長さをたずねるときは，How long を使います。

| 長さをたずねる文 | **How long is this bridge?** （この橋はどれくらいの長さですか。）
「どのくらいの長さ」

「どのくらいの長さですか」は **How long** でたずねます。この How は「どのくらい」，long は「長い」という意味です。

物の長さをたずねるときにも，時間の長さをたずねるときにも使えます。

答えるときには meter（メートル）や minute（分），hour（時間），day（日）などの単位を使って答えます。

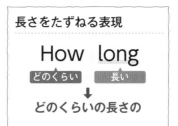

長さをたずねる表現

How long
どのくらい　長い
↓
どのくらいの長さの

How long 〜?
は時間（期間）の長さをたずねるときによく使うよ。

How long is this rope? — It's twelve meters.

（このロープの長さはどれくらいですか。— 12メートルの長さです。）

How long is this class? — It's fifty minutes.

（この授業はどのくらいの長さですか。— 50分の長さです。）

そのほかの How ～?の疑問文

「どのくらい～ですか」とたずねるいろいろな文

基本例文

♪18

How tall are you?

（あなたの身長はどのくらいですか。）

ここで 学 習 すること
how を使うと，How tall?（身長はどのくらい？），How high?（高さはどのくらい？），How far?（距離はどのくらい？），How often?（頻度はどのくらい？）など，いろいろなことをたずねることができます。

1 身長や高さをたずねる文

身長をたずねるときは **How tall**，山などの高さをたずねるときは **How high** を使います。

身長をたずねる表現

How tall
どのくらい　背が高い

How tall are you?　（あなたの身長はどのくらいですか。）♪19
—I'm 162 centimeters.　（私は162cmです。）

How high is that mountain?　（あの山はどのくらいの高さですか。）
—It's 1,200 meters.　（1,200メートルの高さです。）

2 頻度をたずねる文

頻度をたずねるときは **How often** を使います。

How often do you come here?　（あなたはどのくらいここに来ますか。）♪20
—Every week.　（毎週です。）

参考 フィートを使った身長の言い方

アメリカ・イギリスでは，身長は「フィート」と「インチ」という単位で表すのが一般的です。1フィートは約30.5cm，1インチは約2.5cmです。
・I'm 5 feet 3 inches.
（私は5フィート3インチ〈＝約160cm〉です。）

3 距離をたずねる文

距離をたずねるときは**How far**を使います。問いの文と答えの文は，距離を表す**it**を主語にします。

距離をたずねる表現

How far
どのくらい　遠く離れた

♪21

How far is it to the park? (公園までの距離はどのくらいですか。)
—It's about 100 meters. (約100メートルです。)

4 「～はどうですか」とたずねるとき

How about ～? を使うと，「～はどうですか」のように話題をふったり，提案したりすることができます。「～」の部分には名詞を入れます。

I like tennis. How about you? ♪22
(私はテニスが好きです。あなたはどうですか。)

Let's meet. How about next Sunday?
(会いましょう。次の日曜日はどうですか。)

発展 How ～?のいろいろな疑問文

How ～?の形で程度をたずねる疑問文は，このほかにもいろいろあります。

・How soon ～?
　（あとどのくらいで）
・How big ～?
　（どのくらいの大きさか）
・How deep ～?
　（どのくらいの深さか）
・How wide ～?
　（どのくらいの幅か）

S スピーキング ものをすすめる
How about ～?

How about ～?（～はどうですか）は，人にものをすすめるときにもよく使われます。

・How about a cup of coffee?
　（コーヒーを1杯いかがですか。）
—Yes, please.
　（はい，お願いします。）
—No, thank you.
　（いいえ，結構です。）

13章／How ～?

✓チェック問題

次の＿＿に適する語を入れましょう。

(1) マイクの身長はどのくらいですか。
　＿＿＿＿＿ ＿＿＿＿＿ is Mike?

(2) あのビルはどのくらいの高さですか。
　＿＿＿＿＿ ＿＿＿＿＿ is that building?

(3) 図書館まではどのくらいの距離ですか。
　＿＿＿＿＿ ＿＿＿＿＿ is it to the library?

(4) あなたはコーヒーが好きなんですね。紅茶はどうですか？
　You like coffee. ＿＿＿＿＿ ＿＿＿＿＿ tea?

解答

(1) How, tall

(2) How, high[tall]

(3) How, far

(4) How, about

157

定期テスト予想問題 ⑪

時間 20分
解答 p.255

得点 ／100

---

1 音声を聞いて，問いに対する答えとして適切なものを選び，記号に○をつけなさい。

 ♪ 23 【10点×4】

(1) ア It's cloudy.　　　イ It's 50 meters long.

(2) ア It's brown.　　　イ It's 3,000 yen.

(3) ア He goes there by bus.　　　イ He's 18 years old.

(4) ア I have about 50.　　　イ It's 10:30.

2 次のようなとき，英語でどのように言いますか。_____ に適する語を書きなさい。　　【10点×4】

(1) 相手の年齢を聞くとき。　_____ _____ are you?

(2) 相手の身長を聞くとき。　_____ _____ are you?

(3) 物の値段を聞くとき。　_____ _____ is this?

(4) 頻度を聞くとき。　_____ _____ do you see her?

3 次の対話文を読んで，下の質問に英語で答えなさい。　　【10点×2】

公園の中にあるテニスコートの前で，光子は男性の友達のロッド(Rod)と話している。

Mitsuko: Do you usually play tennis here?

Rod:　　Yes, I do. I'm on the tennis team.

Mitsuko: How do you come here?

Rod:　　I walk. But on rainy days, I come by bus. How about you?

Mitsuko: I walk. My house is near here.

Rod:　　How far is it from here to your house?

Mitsuko: It's 500 meters.

(1) How does Rod come to the park on rainy days?

_____

(2) How far is it from the park to Mitsuko's house?

_____

14章

Who, Which, Where など

Who 〜?

「〜はだれですか」とたずねる文とその答え方

【 基本例文 】

♪01

Who's that man over there?

（あそこにいるあの男性はだれですか。）

ここで **学 習** すること

「〜はだれですか」とたずねるときは，人をさす疑問詞の who を使って Who is 〜？でたずねます。

[「だれ」とたずねる文] **Who** is he?　　（彼はだれですか。）
　　　　　　　　　「だれ」

「だれ？」とたずねるときは，疑問詞 **who**（だれ）を使います。

「〜はだれですか」は Who is 〜？の形でたずねます。Who is の短縮形 **Who's** もよく使われます。

Who's Andy?	（アンディとはだれですか。）　♪02
— He's a new student.	（彼は新しい生徒です。）
Who's that girl?	（あの女の子はだれですか。）
— She's Misaki.	（彼女は美咲です。）

S 🎤 **Who are you? は 失礼に聞こえる**
スピーキング

「あなたはだれですか」は Who are you? ですが，「お前はだれだ」のように失礼に聞こえるので，ふつうは使いません。電話で「どちらさまですか」は Who's this, please? と言います。

発展 **who が主語の疑問文**

「だれが〜しますか」とたずねるときは，who を主語にします。
Who teaches English?
（だれが英語を教えますか。）

✓チェック問題

次の＿＿に適する語を入れましょう。

(1) あの背の高い男性はだれですか。
　　＿＿＿＿＿＿＿ is that tall man?

(2) あなたのいちばん好きな歌手はだれですか。
　　＿＿＿＿＿＿＿ your favorite singer?

解　答

(1) 　Who

(2) 　Who's
　　▶Who is の短縮形が入る。

2 Whose 〜?

「だれの〜ですか」と持ち主をたずねる文とその答え方

♪ 03

> **基本例文**
>
> # Whose pencil is this?
>
> （これはだれの鉛筆ですか。）

ここで
学 習
すること

「だれの〜ですか」とたずねるときは，「だれの」という意味の疑問詞whoseを使います。whoseのあとには名詞を続けます。

持ち主をたずねる文　**Whose pencil is this?**　（これはだれの鉛筆ですか。）
　　　　　　　　　　　「だれの」

　「だれの〜？」とたずねるときは，疑問詞 **whose**（だれの）を使います。「これはだれの○○ですか。」は，Whoseのあとに名詞を続けて Whose ○○ is this? の形になります。

　これに対しては，It's Misa's.（美佐のものです。）のように持ち主を答えます。（このMisa'sは，1語で「美佐のもの」という意味を表しています。→p.177）

whose（だれの）と who's（who isの短縮形）を混同しないでね！

発音は
まったく
同じだよ

> **Whose bike is that?**　（あれはだれの自転車ですか。）　♪ 04
> ― **It's Nobuko's.**　（信子のものです。）

チェック問題

次の____に適する語を入れましょう。

(1) これはだれのラケットですか。

　　_____ racket is this?

(2) 拓也（Takuya）のです。〔(1)の答え〕

　　It's _____ .

解　答

(1) Whose

(2) Takuya's
　▶このTakuya'sは1語で
　　「拓也のもの」という意味。

3 Which ~?

「どちら〜？」「どの〜？」とたずねる文とその答え方

基本例文

Which is your bag?

（どちらがあなたのかばんですか。）

ここで **学習** すること

「どちら〜？」「どの〜？」とたずねるときは，「どちら，どれ」という意味の疑問詞 which を使います。

「どちら」とたずねる文　**Which is your bag?**　（どちらがあなたのかばんですか。）
　　　　　　　　　　　　　　「どちら」

1 「どちらが〜ですか」とたずねる文

いくつか限られた選択肢のうちで「どちら？」「どれ？」とたずねるときは，**which**（どちら，どれ）を使います。

「どちらが〜ですか」は **Which is 〜?** でたずねます。

A or B?（Aですか，それともBですか?）を文の最後につけて，2つの中から選んでもらうこともできます。

Which is your bike?　　　　（どれがあなたの自転車ですか。）♪ 06
— The blue one is.　　　　（青いのです。）

Which is Misa's racket, this one or that one?
　　（どちらが美佐のラケットですか，こちらですか，それともあちらですか。）
— This one is.　　　　　　（こちらです。）

2 「どれを〜しますか」とたずねる文

which のあとに一般動詞の疑問文を続けることもできます。

くわしく　is で終わる答え方

左の文 The blue one is. は，The blue one is mine[my bike].（青いのが私の［私の自転車］です。）が省略された形です。

スピーキング　A or B? の言い方

A or B? は，A のあとは上げ調子，B のあとは下げ調子で発音します。

・Which is your bike（↗），this one（↗）or that one?（↘）

参考　one の使い方

左の文の one は前に出た名詞の代わりをしていて，「〜なもの，〜な人」という意味です。

・Which is your book?
（どちらがあなたの本ですか。）
— This one is mine.
（これ（＝この本）が私のものです。）

Which do you want, cake or ice cream? ♪ 07
（あなたはケーキとアイスクリームのどちらがほしいですか。）

— I want ice cream. （私はアイスクリームがほしいです。）

Which do you have for breakfast, rice or bread?
（あなたは朝食にご飯とパンのどちらを食べますか。）

— I usually have rice. （私はたいていご飯を食べます。）

くわしく whichとwhatの
ちがい

which（どちら、どれ）とwhat
（何）のちがいは、ある一定の範囲
から選び出すかどうかにあります。
決まった範囲から選び出す場合には
ふつうwhichが使われます。決ま
った範囲がない場合や、範囲が広い
ときにはwhatが使われます。

3　Which＋名詞～？

whichには「どちらの～」「どの～」という意味もあり、すぐあと
に名詞をおいて使います。

Which chair is yours? （どのいすがあなたのですか。） ♪ 08
— The small one is. （その小さいのです。）

Which dictionary do you use? （あなたはどちらの辞書を使いますか。）
— I usually use this one. （私はふだんこちらを使います。）

Which train goes to Kyoto? （どの電車が京都へ行きますか。）
— That one does. （あの電車です。）

参考 whichが主語の疑問文

「どれが～しますか」「どの○○が
～しますか」とたずねるときは、
whichまたは〈which＋名詞〉
を主語にして文を組み立てます。左
の文ではwhich train（どの電車）
が文の主語です。3人称単数の主語
なので動詞がgoesの形になってい
ます。

✓チェック問題

次の＿＿に適する語を入れましょう。

(1) どれがあなたのコップですか。

＿＿＿＿＿＿ is your glass?

(2) 直樹はどの机を使いますか。

＿＿＿＿＿＿ desk ＿＿＿＿＿＿ Naoki use?

解答

(1) Which

(2) Which, does

163

4 When ～?

「いつ？」と時をたずねる文とその答え方

基本例文

♪ 09

When is the party?

（パーティーはいつですか。）

ここで
学習
すること

「～はいつですか」「いつ～しますか」とたずねるときは，時をたずねる疑問詞 When を使います。

「いつ」とたずねる文　**When is the party?**　（パーティーはいつですか。）
　　　　　　　　　　　「いつ」

「いつ？」とたずねるときは，疑問詞 **When**（いつ）を使います。

「～はいつですか」は **When is ～?** でたずねます（When's という短縮形も使われます）。また，「いつ～しますか」は，When のあとに do you ～? などの一般動詞の疑問文の語順を続けます。

When is your birthday?	（あなたの誕生日はいつですか。）♪ 10
— It's May 6.	（5月6日です。）
When do you watch TV?	（あなたはいつテレビを見ますか。）
— After dinner.	（夕食後です。）

「あなたはいつひまですか。」なら，When are you free? だ。

☑ チェック問題

次の＿＿＿に適する語を入れましょう。

(1) 祭りはいつですか。

　　＿＿＿＿＿＿ ＿＿＿＿＿＿ the festival?

(2) あなたはいつ野球をしますか。

　　＿＿＿＿＿＿ do you play baseball?

解 答

(1) When, is

(2) When

5 Where 〜?

「どこ？」と場所をたずねる文とその答え方

基本例文

Where is your camera?

（あなたのカメラはどこにありますか。）

ここで学習すること

「〜はどこですか」「どこで〜しますか」とたずねるときは，場所をたずねる疑問詞 Where を使います。

場所をたずねる文 　**Where is your camera?** 　（あなたのカメラはどこにありますか。）
　　　　　　　　　　「どこ」

「どこ？」とたずねるときは，疑問詞 **Where**（どこ）を使います。

「〜はどこですか」は **Where is 〜?** でたずねます（Where'sという短縮形も使われます）。また，「どこで〜しますか」は，Where のあとに do you 〜? などの一般動詞の疑問文の語順を続けます。

Where is Mr. Smith?	（スミスさんはどこにいますか。）♪ 12
— He's over there.	（彼は向こうにいます。）
Where do you live?	（あなたはどこに住んでいますか。）
— I live in Nara.	（私は奈良に住んでいます。）

✔確認 出身地をたずねる文

「あなたはどこの出身ですか。」は Where are you from? でたずねます。これに対しては I'm from 〜.（私は〜の出身です。）で答えます。（→p.52）

☑チェック問題

次の____に適する語を入れましょう。

(1) 音楽室はどこですか。 _____ is the music room?

(2) 陽子はどこで昼食を食べますか。

_____ _____ Yoko eat lunch?

	解　答
(1)	Where
(2)	Where, does

Why 〜?

「なぜ？」と理由をたずねる文とその答え方

基本例文

Why do you like Kevin?

（あなたはなぜケビンが好きなのですか。）

♪ 13

ここで
学 習
すること

「なぜ〜なのですか」「なぜ〜するのですか」とたずねるときは，理由をたずねる疑問詞 Why を使います。

疑問文　　**Do you like Kevin?**　（あなたはケビンが好きですか。）

↓「なぜ」は why を使う

Whyの文　**Why do you like Kevin?**　（なぜあなたはケビンが好きなのですか。）

1　「なぜ〜なのですか」とたずねる文

「なぜ？」とたずねるときは，疑問詞 **Why**（なぜ）を使います。
「なぜ〜なのですか」は Why is 〜 ?の形でたずねます。

♪ 14

Why is Jim absent today?（なぜジムは今日欠席しているのですか。）
Why are you sad?　　　（なぜあなたは悲しいのですか。）

2　「なぜ〜するのですか」とたずねる文

「なぜ〜するのですか」とたずねるときは，Whyのあとに do you 〜?などの疑問文の語順を続けます。

Why do you get up early?（なぜあなたは早く起きるのですか。）♪ 15

S 🎤
スピーキング
「それはどうして？」と
たずねる言い方

　相手の言ったことに「それはなぜですか？」「どうして？」とたずねるときは，Why is that?とだけ言えばOKです。

3 理由を答える文

Why ～?の文に対して理由を答えるときは，ふつう**Because**（なぜなら～だから）を文の最初において，理由を表す文を続けます。

> Why do you speak French so well? ♪16
>
> （あなたはどうしてフランス語をそんなに上手に話すのですか。）
>
> — Because my mother is French.
>
> （なぜなら母がフランス人だからです。）
>
> ....
>
> Why does Becky play basketball well?
>
> （ベッキーはどうしてバスケットボールが上手なのですか。）
>
> — Because she practices it every day.
>
> （なぜなら彼女は毎日練習をしているからです。）

Why ～?の文に対して，because を省略して答えることもあるよ

☑チェック問題

次の____に適する語を入れましょう。

(1) あなたはどうしてピーターを知っているのですか。

　―なぜなら，彼は私のクラスメイトだからです。

　_____ do you know Peter?

　— _____ he's my classmate.

(2) あなたはどうして英語を勉強するのですか。

　―なぜなら，それは役に立つからです。

　_____ do you study English?

　— _____ it's useful.

解答

(1) Why

　Because

(2) Why

　Because

定期テスト予想問題 ⑫

時間 ▶ 20分
解答 ▶ p.255

得点
／100

1 音声を聞いて，問いに対する答えとして適切なものを選び，記号を○で囲みなさい。

♪ **17** [8点×5]

(1) ア It's on the chair. 　　　　イ It's 2:30.

(2) ア On Sundays. 　　　　　　イ It's mine.

(3) ア He's Mr. Sato. 　　　　　イ It's sunny today.

(4) ア It's Wednesday today. 　　イ This blue one is mine.

(5) ア She is 17 years old. 　　　イ It's mine.

2 次の _____ に適する語を入れて，対話文を完成させなさい。 [10点×3]

(1) *A:* _____ do you play soccer? 　　　— *B:* In the park.

(2) *A:* _____ teaches math at your school? 　— *B:* Ms. Matsumura does.

(3) *A:* _____ is the school festival? 　　— *B:* Next Friday.

3 次の対話文を読んで，下の質問に英語で答えなさい。 [15点×2]

> 宏美は男性の友達のアレックス(Alex)に家族の写真を見せています。
>
> *Alex:* 　Who is this boy?
>
> *Hiromi:* It's my brother, Akira.　He plays soccer very well.
>
> *Alex:* 　Where does he play soccer?
>
> *Hiromi:* At Higashi Park.　Why do you ask?
>
> *Alex:* 　Because I know him.　I practice baseball at Higashi Park every day,
> 　　　　　and I sometimes see him.

(1) Where does Akira play soccer?

_____

(2) Which sport does Alex practice every day, baseball or soccer?

_____

15章

時・場所を表す前置詞

1　時・場所を表す前置詞

いろいろな前置詞と使い方

> **基本例文**
>
> My mother gets up **at** 9:30 **on** Sundays. 　♪01
>
> （私の母は，日曜日は9時30分に起きます。）

> **ここで学習すること**
>
> 前置詞は名詞・代名詞の前に置かれる語で，〈前置詞＋名詞〉または〈前置詞＋代名詞〉のまとまりで使います。
>
> 時や場所などを表す前置詞は，あとにくる語や表す意味によって使い分けます。

1　時を表す前置詞　♪02

in，on，atの使い分けに特に注意しましょう。

時を表す前置詞の使い分け		
～年に ～月に （季節）に 午前・午後に	in	in 2021 （2021年に） in May （5月に） in summer （夏に） in the morning （午前に） in the afternoon （午後に）
～日に ～曜日に	on	on May 1 （5月1日に） on Sunday （日曜日に）
～時に	at	at 9:15 （9時15分に） at noon （正午に）
～の前に ～のあとに	before after	before lunch （昼食前に） after dinner （夕食後に）
～の間 （期間）	for	for ten minutes （10分間） for an hour （1時間（の間）） for two weeks （2週間（の間））
～までずっと ～までに （期限）	until by	until noon （正午までずっと） by noon （正午までに）

日付と曜日はon なんだね！

くわしく　untilとbyの使い分け

「～までずっと」のように，その時までその状態が続いていることを表すときはuntilを，「～までに」のように期限を表すときはbyを使います。

・Wait here until ten. （10時までここで待っていなさい。）
・Finish your homework by ten. （10時までに宿題をすませなさい。）

2 場所を表す前置詞

♪03

場所や位置関係を表す前置詞です。「〜の中に」を表す **in** と接触を表す **on** のちがいに注意しましょう。

〜の中に	in	in the box （箱の中に［で］） in the kitchen （台所に［で］） in Japan （日本に［で］）
〜の上に 〜に接触して	on	on the table （テーブルの上に［で］） on the wall （壁に（くっついて））
〜の下に	under	under the table （テーブルの下に［で］） under the tree （木の下に［で］）
〜のそばに	by	by the window （窓のそばに［で］）
〜のところで	at	at the door （ドアのところに） at the bus stop （バス停のところで）
〜の前に	in front of	in front of the school （学校の前に［で］）
AからBへ	from A to B	from here to the station （ここから駅まで）
AとBの間に	between A and B	between Lisa and Amy （リサとエイミーの間に［で］）
〜のまわりに	around	around the park （公園のまわりに［で］）

15章／時・場所を表す前置詞

くわしく 場所を表すいろいろな前置詞

・near：「〜の近くに」
 near my house
 （私の家の近くに）
・for：「〜に向かって」
 the train for Tokyo
 （東京行きの列車）
・across：「〜を横切って」
 walk across the street
 （通りを横切って歩く）
・along：「〜に沿って」
 walk along the street
 （通りに沿って歩く）
・into：「〜の中に」
 walk into the room
 （部屋の中に歩いて入る）
・over：「（接触せずに）〜の上に」
 「（数値などが）〜を超えた」
 jump over a rope
 （ロープを飛び越える）

参考 その他の基本的な前置詞

・of：「〜の」
 the name of this flower
 （この花の名前）
・for：「〜のために」
 make lunch for him
 （彼のために昼食を作る）
・by：「〜で」
 go to school by bus
 （バスで学校に行く）
・with：「〜といっしょに」
 sing with her
 （彼女といっしょに歌う）
・about：「〜について」
 talk about him
 （彼について話す）

定期テスト予想問題 ⑬

時間 20分
解答 p.256

得点 ／100

---

1 次の（　）の中から適するものを選び，○で囲みなさい。 【6点×5】

(1) My birthday is (in / on / at) April.

(2) I have piano lessons (in / on / at) Fridays.

(3) I usually go to bed (in / on / at) 10:30.

(4) My sister gets up early (in / on / at) the morning.

(5) You can enjoy skiing (in / on / at) winter here.

2 次の日本文に合う英文になるように，＿＿＿に適する語を書きなさい。 【10点×4】

(1) 私は毎日1時間英語を勉強します。

I study English ＿＿＿＿＿＿ an hour every day.

(2) 木の下のねこが見えますか。

Can you see the cat ＿＿＿＿＿＿ the tree?

(3) 図書館の前で私を待っていてください。

Please wait for me in ＿＿＿＿＿＿ of the library.

(4) ここから駅まではどのくらい離れていますか。

How far is it from here ＿＿＿＿＿＿ the station?

3 次の[　]内の語を並べかえて，日本文の意味を表す英文をつくりなさい。ただし，不要な語が1語ずつあります。 【10点×3】

(1) [I, TV, dinner, watch, before, after]. （私は夕食前にテレビを見ます。）

_____

(2) [on, in, box, this, are, his, pictures]. （彼の絵はこの箱の中に入っています。）

_____

(3) [your, finish, until, by, homework] 8 p.m. （午後8時までに宿題を終わらせなさい。）

_____ 8 p.m.

16章

代名詞

1 「〜は」「〜が」を表す代名詞

主格の代名詞の使い方

基本例文

He likes basketball.

（彼はバスケットボールが好きです。）

♪01

学習 すること

「〜は」「〜が」の意味になる代名詞のことを主格の代名詞と呼びます。主格の代名詞には，I（私は），you（あなたは），he（彼は），she（彼女は）などがあります。

1 代名詞とは

具体的な名詞の代わりに使われるhe（彼），she（彼女），it（それ）などのことばを代名詞といいます。英語では，文の中での働きによって代名詞の形が変わります。

2 「〜は」「〜が」を表す代名詞

次のように「〜は」または「〜が」の意味で，文の主語になるときの代名詞の形を主格と言います。

「〜は」「〜が」(主格)	単数	I (私は)	you (あなたは)	he (彼は)	she (彼女は)	it (それは)
	複数	we (私たちは)	you (あなたたちは)	they (彼らは・彼女らは・それらは)		

He is my friend. （彼は私の友達です。）　♪02
They live in Tokyo. （彼らは東京に住んでいます。）

発展 人称代名詞と指示代名詞

I, you などの人を表す代名詞や it, they は「人称代名詞」，物を直接指し示す this や that は「指示代名詞」と呼びます。

「あなた」も「あなたたち」もどっちも you だね。

くわしく 人でも物でも they

they は「私たち」「あなたたち」以外のあらゆる複数をさします。男女を問わず使え，物にも使います。

174

2 「～の」を表す代名詞

所有格の代名詞の使い方

基本例文

♪03

This is **my** room.

（これは私の部屋です。）

ここで
学 習
すること

「～の」の意味になる代名詞のことを所有格の代名詞と呼びます。
所有格の代名詞には，my（私の），your（あなたの），his（彼の），her（彼女の）などがあります。

---

1 「～の」を表す代名詞

次のように「～の」を表す代名詞の形を所有格といいます。

「～の」 （所有格）	単数	my （私の）	your （あなたの）	his （彼の）	her （彼女の）	its （それの）
	複数	our （私たちの）	your （あなたたちの）	their （彼らの・彼女らの・それらの）		

代名詞の所有格のあとには必ず**名詞が必要**です。また，所有格とa，an，theやthis，thatをいっしょに使うことはできません。

This is our school. （これが私たちの学校です。）　♪04
Their house is big. （彼らの家は大きい。）

2 「健の～」「美佐の～」などの表し方

具体的な名前をあげて「だれだれの～」と言いたいときは，名前のあとに'sをつけてKen's book，Misa's houseのように表します。

W✎ theirのつづりに注意
ライティング

「彼らの」を表すtheirと，「そこに」という意味の単語thereを混同するミスが多いので注意しましょう。

× *a his* bike
× *the his* bike
とは言わないよ！

発展　「それの」のits

itにもitsという所有格があります。it's（it isの短縮形）とは別の語ですので注意してください。

・He has a dog. Its name is Max.

（彼は犬を飼っています。それ（＝その犬）の名前はマックスです。）

3 「〜を」「〜に」を表す代名詞

目的格の代名詞の使い方

基本例文

Do you know **her**?

(あなたは彼女を知っていますか。)

♪ 05

ここで学習すること

「〜を」「〜に」の意味になる代名詞のことを目的格の代名詞と呼びます。目的格の代名詞には, me (私を[に]), you (あなたを[に]), him (彼を[に]), her (彼女を[に]) などがあります。

1 「〜を」「〜に」を表す代名詞

「〜を」または「〜に」の意味で, 動詞の目的語になるときの代名詞の形を目的格といいます。

「〜を」「〜に」(目的格)	単数	me (私を)	you (あなたを)	him (彼を)	her (彼女を)	it (それを)
	複数	us (私たちを)	you (あなたたちを)	them (彼らを・彼女らを・それらを)		

I love him.　　　　　　　(私は彼を愛しています。)　♪ 06
Please help us.　　　　　 (私たちを手伝ってください。)

2 前置詞のあとの目的格

前置詞のあとに代名詞がくる場合も目的格を使います。

Look at me.　　　　　　　(私を見なさい。)　♪ 07
I go to school with them.　(私は彼らと学校に行きます。)

くわしく　動詞の目的語とは

一般動詞のあとにきて, 「〜を」「〜に」の意味を表す語句を動詞の目的語といいます。
・play tennis (テニスをする)
…tennis は動詞 play の目的語
・have lunch (昼食を食べる)
…lunch は動詞 have の目的語

4 「〜のもの」を表す代名詞

所有代名詞の使い方

基本例文

♪08

This book is **mine**.

（この本は私のものです。）

ここで **学 習** すること

「〜のもの」の意味になる代名詞のことを所有代名詞と呼びます。
所有代名詞には，mine（私のもの），yours（あなたのもの），his（彼のもの），
hers（彼女のもの）などがあります。

1 「〜のもの」を表す代名詞

後ろに名詞をつけず，1語で「**〜のもの**」という意味を表す代名詞
を所有代名詞といいます。

「〜の もの」 (所有代名詞)	単数	mine (私のもの)	yours (あなたのもの)	his (彼のもの)	hers (彼女のもの)
	複数	ours (私たちのもの)	yours (あなたたちのもの)	theirs (彼らのもの・彼女らのもの)	

Is this mine?　　　　　（これは私のですか。）　　♪09
— Yes, it's yours.　　　（はい，あなたのです。）

2 「健のもの」などの表し方

名前などのあとに 's をつけて「だれだれのもの」と言うことができます。

Whose pen is this?　　　（これはだれのペンですか。）　♪10
— It's Ken's.　（健のです。）/ It's my father's.　（私の父のです。）

テストで注意 所有格と所有代名詞

後ろに名詞があれば所有格，なければ所有代名詞を使います。
「このペンは彼女のものです。」
○ This pen is <u>hers</u>.
× This pen is _her_.
「これは彼女のペンです。」
○ This is <u>her</u> pen.
× This is _hers pen_.

所有代名詞は，Whose 〜 is this? に答えるときによく使うよ。

177

定期テスト予想問題 ⑭

時間 20分
解答 p.256

得点 ／100

1 次の表の空欄に入る語を答えなさい。　　　　　　　　　　　　　　　　　　　　　　【5点×6】

～は，が	～の	～を	～のもの	～は，が	～の	～を	～のもの
I	①	me	②	we	③	us	ours
you	your	you	④	you	your	you	yours
he	⑤	him	his				
she	her	her	hers	⑥	their	them	theirs
it	its	it	—				

2 次の( )の語を適する形にして，_____ に書きなさい。　　　　　　　　　　　　【5点×4】

(1) He is Ken.　I like _____ .　(he)

(2) Do you know _____ ?　(she)

(3) Is this yours? — No, it's _____ _____ .　(my sister)

(4) This is Mr. Suzuki.　He is _____ teacher.　(we)

3 次の( )の中から適するものを選び，○で囲みなさい。　　　　　　　　　　　　【5点×4】

(1) This is Yumi.　She is (I, my, me) sister.

(2) Do you like (they, their, them)?

(3) Taro and I play tennis.　(We, Our, Us) play soccer, too.

(4) This book is (she, her, hers).

4 下のメモを見ながら，先生を紹介する英文を完成させなさい。　　　　　　　　　　【10点×3】

〈メモ〉　・私の英語の先生は田中先生　　・彼はとても親切
　　　　　・彼の授業はおもしろい　　　　・私は彼が大好き

My English teacher is Mr. Tanaka.　(1) _____ is very kind.

(2) _____ class is interesting.　(3) I like _____ very much.

1 驚きを表す文

「なんと〜なのでしょう」と感嘆や驚きを表す文

How beautiful!

（なんと美しいのでしょう。）

♪01

ここで
学習
すること

「なんと〜でしょう」と感嘆や驚きを表すときは，How 〜!やWhat 〜!を使います。

| How 〜! | **How beautiful!** | （なんと美しいのでしょう。） |
| What 〜! | **What a beautiful flower!** | （なんと美しい花でしょう。） |

1 感嘆文とは

「なんと〜でしょう」のように，感嘆や驚きを表す文を**「感嘆文」**と言います。How 〜!とWhat 〜!の形があります。

2 How 〜!の感嘆文

「なんと大きいのでしょう」のように驚きなどを表すときは，howを使って**How big!**と言います。

howのあとには形容詞がきます。感嘆文の終わりには，感嘆符（**!**）をつけます。

How tall!	（なんと背が高いのでしょう。） ♪02
How exciting!	（なんとおもしろいのでしょう。）
How strange!	（なんと奇妙なのでしょう。）

発展 **「主語+動詞」のある感嘆文**

How 〜!の感嘆文は，本来は形容詞のあとに主語と動詞が続きます。話し言葉では，この主語と動詞が省略された形がよく使われます。

・How tall <u>he is</u>!

（彼はなんと背が高いのでしょう。）

・How exciting <u>this game is</u>!

（この試合はなんとおもしろいのでしょう。）

3 What 〜!の感嘆文

「なんと大きい犬でしょう」のように驚きなどを表すときは，whatを使って **What a big dog!** と言います。

whatのあとには〈a[an]＋形容詞＋名詞〉がきます。

What a smart dog!	（なんとかしこい犬なのでしょう。）♪03
What a beautiful view!	（なんと美しい眺めなのでしょう。）
What an exciting game!	（なんとおもしろい試合なのでしょう。）

発展 How＋副詞! の感嘆文

How 〜!の感嘆文では，あとに副詞がくることもあります。

・How fast!

（なんと速いのでしょう。）

・How well!

（なんと上手なのでしょう。）

発展 省略される
主語と動詞

What 〜!の感嘆文は，How 〜!の場合と同じように，「形容詞＋名詞」のあとに主語と動詞が省略されています。話し言葉では，この省略された形がよく使われます。

・What a good boy <u>he is</u>!

（彼はなんといい子なのでしょう。）

・What an exciting game <u>this is</u>!

（これはなんとおもしろい試合なのでしょう。）

17章／感嘆文

チェック問題

次の＿＿に適する語を入れましょう。

(1) なんと寒いのでしょう。

＿＿＿＿＿＿ cold!

(2) なんと難しい質問でしょう。

＿＿＿＿＿＿ a difficult question!

(3) なんと古い家なのでしょう。

＿＿＿＿＿＿ an ＿＿＿＿＿＿ house!

解答

(1) How

　▶形容詞だけなのでhowを使う。

(2) What

　▶あとに名詞があるのでwhatを使う。

(3) What, old

定期テスト予想問題 ⑮

 時間 20分
解答 p.256

 得点 ／100

1 次の日本文に合う英文になるように，（　　）の中から適するものを選び，○で囲みなさい。

【10点×5】

(1) なんと大きな家でしょう。

(How / What) a big house!

(2) なんと美しいのでしょう。

(How / What) beautiful!

(3) なんとおもしろいのでしょう。

(How / What) exciting!

(4) なんと小さなコンピューターでしょう。

(How / What) a small computer!

(5) なんとすてきな部屋でしょう。

(How / What) a nice room!

2 次の[　　]内の語を並べかえて，日本文の意味を表す英文をつくりなさい。ただし，不要な語が1語ずつあります。

【10点×5】

(1) [delicious, how, is]!　（なんとおいしいのでしょう。）

(2) [car, what, a, an, old]!　（なんと古い車でしょう。）

(3) [a, an, beautiful, painting, what]!　（なんと美しい絵でしょう。）

(4) [how, what, interesting, an, story]!　（なんとおもしろい物語でしょう。）

(5) [expensive, a, an, watch, what]!　（なんと高価な時計でしょう。）

18章

現在進行形

現在進行形とは

「〜しています」という意味で，進行中の動作を表す文

基本例文

♪01

She **is playing** tennis.

（彼女はテニスをしているところです。）

「（今）〜しています」と言うときは，be動詞（am, are, is）のあとに動詞の
ing形を続けます。

| 現在形 | She **plays** tennis every day. | （彼女は毎日テニスをします。） |

⟨be動詞＋動詞のing形⟩

| 現在進行形 | She **is playing** tennis. | （彼女は〈今〉テニスをしています。） |

1 現在形と現在進行形のちがい

　「今，テニスをしているところです」「今，食事しているところで
す」のように，現在ある動作をしている最中であることを表すときは
現在進行形という形を使います。

現在形	現在進行形
She plays tennis every day.	She is playing tennis.
彼女は毎日テニスをします。	彼女は（今）テニスをしています。

▶習慣（ふだん繰り返ししていること）を表す

▶ちょうど今行われている最中のことを表す

似ているようで
ぜんぜんちがう

　今までに学習したShe plays tennis.（彼女はテニスをします。）

などの現在形は，厳密には「ふだんテニスをする」「テニスをする習慣がある」という意味を表しています。現在形では，「ちょうど今〜している最中です」という意味は表せないことに注意してください。

2 現在進行形の形

現在進行形は，**be動詞**と**動詞のing形**（→p.186）を使って表します。be動詞は主語によって，is，am，areを使い分けます。

主語	be動詞		
I	am		
You	are		
He / She / It など3人称単数	is	playing など，動詞のing形	〜.
We / They など複数	are		

♪02

I help my mother every day.	（私は毎日，母を手伝います。）
I'm helping my mother.	（私は〈今〉母を手伝っています。）

Ken plays the piano.	（健はピアノを弾きます。）
Ken is playing the piano.	（健はピアノを弾いています。）

発展 未来を表す現在進行形

中1では学習しませんが，現在進行形を使って未来のことを表すこともあります。「〜する予定です」「〜することになっています」という意味で，すでに決まっている予定を言うときに使います。tomorrow（明日）やnext week（来週）のように未来を表す語句といっしょに使われます。

・I'm going to Hawaii next week.

（私は来週ハワイに行く予定です。）

✓チェック問題

次の＿＿に適する語を入れましょう。

(1) めぐみはギターを弾いています。

Mcgumi ＿＿＿＿＿ ＿＿＿＿＿ thc guitar.

(2) エミリーと彼女の兄はしゃべっています。

Emily and her brother ＿＿＿＿＿ ＿＿＿＿＿.

(3) 私は数学の勉強をしています。

I ＿＿＿＿＿ ＿＿＿＿＿ math.

(4) あなたはテレビを見ています。

You ＿＿＿＿＿ ＿＿＿＿＿ TV.

＿＿＿＿ 解 答 ＿＿＿＿

(1) is, playing

(2) are, talking
　▶主語が複数なので，be動詞はareを使う。

(3) am, studying

(4) are, watching

2 動詞のing形のつくり方

動詞のing形の語形変化

♪03

基本例文

Maki is **writing** a letter.

（真紀は手紙を書いています。）

> ここで
> **学 習**
> すること

動詞のing形のつくり方には3パターンあります。
「そのままing」「最後のeをとってing」「最後の1字を重ねてing」の3パターンです。

1 基本のつくり方

大部分の動詞のing形は，動詞の最後に**ing**をつけるだけです。

♪04

play（〈スポーツを〉する）→ playing	listen（聞く）→ listening		
read（読む）→ reading	study（勉強する）→ studying		
watch（じっと見る）→ watching	look（見る）→ looking		
wait（待つ）→ waiting	talk（話す）→ talking		

> ほとんどの動詞は，
> ing をくっつける
> だけでOK！

2 eをとってingをつける動詞

write（書く）やmake（作る）のようにeで終わる動詞は，最後のeをとって**ing**をつけます。

♪05

write（書く）→ writing	make（作る）→ making		
have（食べる）→ having	use（使う）→ using		
take（取る）→ taking	drive（運転する）→ driving		

くわしく → have の進行形

have は「持っている」という意味では進行形にできませんが，「食べる」「飲む」という意味のときは進行形にできます（→p.188）。

3 語尾を重ねてingをつける動詞

run（走る），swim（泳ぐ）などは，run→running，swim→swimmingのように**最後の1字を重ねて ing** をつけます。

♪ 06

run（走る）	→ running	swim（泳ぐ）	→ swimming
sit（すわる）	→ sitting	get（着く）	→ getting
put（置く）	→ putting	stop（止まる）	→ stopping

最後の1字を重ねるパターンは，とりあえず上の6つを覚えておけば大丈夫！

発展 語尾を重ねる動詞

語尾の1字を重ねるのは，最後の3文字が〈子音字＋アクセントのある母音字＋子音字〉で終わっている動詞です。（a, i, u, e, o と母音を表す y が母音字で，それ以外が子音字。）

左の6つのほかに次の動詞があります。

・cut（切る）→ cutting
・begin（始める）
　→ beginning
・plan（計画する）
　→ planning

✓チェック問題

次の動詞をing形にしましょう。

(1) read ＿＿＿＿＿＿＿
　　（読む）

(2) make ＿＿＿＿＿＿＿
　　（作る）

(3) sit ＿＿＿＿＿＿＿
　　（すわる）

(4) listen ＿＿＿＿＿＿＿
　　（聞く）

(5) study ＿＿＿＿＿＿＿
　　（勉強する）

(6) run ＿＿＿＿＿＿＿
　　（走る）

(7) write ＿＿＿＿＿＿＿
　　（書く）

(8) swim ＿＿＿＿＿＿＿
　　（泳ぐ）

(9) drive ＿＿＿＿＿＿＿
　　（運転する）

(10) play ＿＿＿＿＿＿＿
　　（〈スポーツなどを〉する）

解 答

(1) reading

(2) making

(3) sitting

(4) listening

(5) studying

(6) running

(7) writing

(8) swimming

(9) driving

(10) playing

進行形にしない動詞

likeやknowなど，進行形にしない動詞もある

♪07

基本例文

I know him.　（私は彼を知っています。）

ここで
学習
すること

> like, know, wantのように「状態」を表す動詞は進行形にしません。
> 「私は彼を知っています。」　× I'm knowing him.
> 　　　　　　　　　　　　　○ I know him.

1　「動作を表す動詞」と「状態を表す動詞」

　進行形は，何かの「動作をしている最中」であることを表すための形なので，動作を表さない動詞は，ふつう進行形にしません。

　次の動詞は動作ではなく「状態」を表すので，進行形にしません。現在形のままで「今，その状態が続いている」という意味を表します。

know（知っている）　　like（好きである）　　love（愛している）　　♪08
want（ほしがっている）　see（見える）　　　hear（聞こえる）

2　haveの進行形

　haveは「持っている」「飼っている」などの意味のときは「状態」を表すので進行形にしません。ただしhaveには「食べる」「飲む」という意味もあり，その意味では進行形にできます。

I'm having lunch.　（私は昼食を食べているところです。）　♪09

W ライティング　進行形にしない！

　左の6つの動詞は，日本語で「～しています」と言うときも英語では進行形にしません。
「私は彼らを愛しています。」
→ × I'm loving them.
　　○ I love them.
「彼は犬をほしがっています。」
→ × He is wanting a dog.
　　○ He wants a dog.

発展　進行形にしない動詞

次の動詞もふつう進行形にしません。
・need（必要としている）
・understand（理解する）
・believe（信じている）
・remember（覚えている）
・forget（忘れている）

参考　having a good time

　haveは，having a good time（楽しい時を過ごしている）と言うときも進行形にできます。

4 現在進行形の否定文

「(今) ～していません」という文

基本例文

♪10

He's **not** sleeping.

（彼は眠っていません。）

ここで
学習
すること

「～していません」と言うときは，be動詞のあとに**not**を入れます。

ふつうの文　**He is　　sleeping.**　（彼は眠っています。）

↓ be動詞のあとに**not**を入れる

否定文　**He is not sleeping.**　（彼は眠っていません。）

「～していません」「～しているのではありません」と言うときは，
be動詞のあとにnotを入れます。

I am watching TV.　（私はテレビを見ています。）　♪11
I am not watching TV.　（私はテレビを見ていません。）

Mika is studying.　（美香は勉強しています。）
Mika isn't studying.　（美香は勉強しているのではありません。）

don'tやdoesn't
は使わないよ

✓ チェック問題

次の____に適する語を入れましょう。

(1) かおりはコーヒーを飲んでいません。

Kaori _____ _____ coffee.

(2) 私は料理をしていません。

_____ _____ _____.

解答

(1) isn't, drinking[having]

(2) I'm, not, cooking

現在進行形の疑問文

「(今) 〜していますか」とたずねる文とその答え方

♪12

基本例文

Are you watching TV?

（あなたはテレビを見ていますか。）

ここで
学習
すること

「〜していますか」とたずねるときは，be動詞で文を始めます。答えるときもbe動詞を使います。

ふつうの文　　**He is playing baseball.** （彼は野球をしています。）

be動詞で文を始める

疑問文　　**Is he　　playing baseball?** （彼は野球をしていますか。）

---

1 「〜していますか」とたずねる文

「(今) 〜しています か」とたずねるときはbe動詞の疑問文
（→p.56, 78）と同じで，**be動詞**で文を始めます。

be動詞	主語	
Are	you they など複数	playing など，動詞のing形
Is	he / she / it など3人称単数	~?

You are listening to music. （あなたは音楽を聞いています。） ♪13
Are you listening to music? （あなたは音楽を聞いているのですか。）

Mika is doing her homework. （美香は宿題をしているところです。）
Is Mika doing her homework?（美香は宿題をしているところですか。）

<table>
<tr><td>テストで
注意</td><td>Do you ~?としない!</td></tr>
</table>

現在進行形の疑問文は，Are
you ~?やIs he ~?のようにbe
動詞で始まります。Do you ~?や
Does he ~?の形にしないように
注意しましょう。

② 進行形の疑問文への答え方

進行形の疑問文に対しては，be動詞の疑問文のときと同じように答えます。

Yes, I am. / No, I'm not.のように，答えの文でもbe動詞を使います。am，are，isは答えの文の主語に合わせて使い分けます。

Are you watching TV?	（あなたはテレビを見ていますか。） ♪14
— **Yes, I am.**	（はい，見ています。）
— **No, I'm not.**	（いいえ，見ていません。）
Is it raining in Tokyo?	（東京では雨が降っていますか。）
— **Yes, it is.**	（はい，降っています。）
— **No, it isn't.**	（いいえ，降っていません。）

✔確認 **be動詞の疑問文の答え方**

be動詞の疑問文に対する答え方と同じように，次の点に注意してください。

・Yesの答えのときには短縮形は使えません。（→p.57）
　○ Yes, I am.
　× Yes, *I'm.*

・Noのときの短縮形は2通りあり，どちらを使ってもかまいません。（→p.68）
　No, he isn't.
　＝No, he's not.

ただし，× I *amn't* という形はありませんので，No, I am not.の短縮形は No, I'm not.だけです。

18章／現在進行形

☑チェック問題

次の＿＿に適する語を入れましょう。

(1) 秀明は今，泳いでいますか。
　＿＿＿＿＿＿ Hideaki ＿＿＿＿＿ now?

(2) はい，彼は泳いでいます。[(1)の答え]
　Yes, he ＿＿＿＿＿.

(3) いいえ，彼は泳いでいません。[(1)の答え]
　No, he ＿＿＿＿＿.

(4) あなたは英語で手紙を書いていますか。
　＿＿＿＿＿＿ you ＿＿＿＿＿ a letter in English?

(5) いいえ，私は書いていません。[(4)の答え]
　No, ＿＿＿＿＿ ＿＿＿＿＿.

解答

(1) Is, swimming
　▶swimはmを重ねてingをつける。

(2) is

(3) isn't

(4) Are, writing

(5) I'm, not

6 What are you doing? など

「(今) 何をしていますか」とたずねる文とその答え方

基本例文

♪15

What are you doing?

(あなたは今, 何をしていますか。)

ここで
学習
すること

「(今) 何をしていますか」とたずねるときは, What を文の最初におき, 現在進行形の疑問文を続けます。

疑問文

Are you studying English?

↓ What を最初におく　　　(あなたは英語を勉強していますか。)

Whatの疑問文　**What are you doing?**　　　(あなたは何をしていますか。)

1 (What are you doing?

「(今) 何をしているのですか」は **What are you doing?** でたずねます。この doing は「する」という意味の動詞 do の ing 形です。答えるときは, 現在進行形を使って, していることを答えます。

What are you doing here?　(あなたはここで何をしていますか。)　♪16
— I'm waiting for Emi.　(私は絵美を待っています。)

What is he doing?　(彼は何をしているのですか。)
— He's writing a letter.　(彼は手紙を書いています。)

> テストで注意 **進行形には進行形で答える**
>
> What ~ doing? と現在進行形で聞かれたら, 現在進行形を使って答えるのが基本です。現在形で答えないように注意。
> What is she doing?
> ○ — She is playing tennis.
> × — She *plays* tennis.

2 (What ~ making? など

What are you doing? の doing を, ほかの動詞の ing 形に変えることで,「何を作っているのですか」「何を食べているのですか」など

192

とたずねることもできます。

What are you eating? （あなたは何を食べているのですか。） ♪17
— **I'm eating** *soba*. （私はそばを食べています。）

What's Tomoki making?（智樹は何を作っているのですか。）
— **He's making a box.** （彼は箱を作っています。）

3 **Who is playing 〜？など**

「だれが〜していますか」のように「している人」をたずねるとき
は**Who is 〜ing?**でたずねます（疑問詞のwhoが主語になってい
ます）。

答えるときは主語とbe動詞で答えます。

Who is playing the piano? ♪18
（だれがピアノを弾いているのですか。）
— **My mother is.** （私の母です。）

発展 **前置詞で終わる疑問文**

look at 〜（〜を見る），look
for 〜（〜を探す），wait for 〜
（〜を待つ）などの熟語を使う場合
は，Whatで始まり，at，forな
どで終わる疑問文になります。
・What are you looking <u>at</u>?
　（あなたは何を見ていますか。）
・What is he looking <u>for</u>?
　（彼は何を探していますか。）
・What are you waiting
<u>for</u>?
　（あなたは何を待っていますか。）

くわしく **Who is 〜ing?**
の答え方

左のMy mother is.は，My
mother is <u>playing the piano</u>.
の下線部が省略された形です。もっ
と単純にMy mother.とだけ答え
ることもあります。

チェック問題

次の____に適する語を入れましょう。

(1) 友美は何をしていますか。―彼女は音楽を聞いています。

_____ _____ Tomomi _____?
— She _____ _____ to music.

(2) あなたは何を料理していますか。―私は魚を料理しています。

_____ _____ _____ cooking?
— _____ _____ fish.

(3) だれが向こうで走っているのですか。―ロバートです。

_____ _____ _____ over there?
— Robert _____.

解 答

(1) What, is, doing
　　is, listening

(2) What, are, you
　　I'm, cooking

(3) Who, is, running
　　is

定期テスト予想問題 ⑯

| 時間 | 20分 |
| 解答 | p.257 |

得点　　　／100

1 絵の3人の人物について，それぞれA〜Cの音声を聞いて，絵に合う音声の記号に○をつけなさい。

【10点×3】
♪ 19

(1) （ A　B　C ）

(2) （ A　B　C ）

(3) （ A　B　C ）

2 次の（　）の中から適するものを選び，○で囲みなさい。【5点×2】

(1) Tom is (watch, watches, watching) TV now.

(2) Are they (play, plays, playing) soccer?

3 次の（　）の語を適する形にして，＿＿＿＿ に書きなさい。【8点×5】

(1) I am ＿＿＿＿＿＿＿＿ to music now.　　　(listen)

(2) Emi is ＿＿＿＿＿＿＿ in the sea.　　　(swim)

(3) Are you ＿＿＿＿＿＿＿ a letter?　　　(write)

(4) Ken isn't ＿＿＿＿＿＿＿ with Yuri.　　　(talk)

(5) They aren't ＿＿＿＿＿＿＿ together.　　　(work)

4 次の絵を見て，「〜しているところです」という英文をつくりなさい。【10点×2】

(1) ＿＿＿＿＿＿＿＿＿＿＿＿＿＿＿＿＿＿＿＿＿＿＿＿＿＿

(2) ＿＿＿＿＿＿＿＿＿＿＿＿＿＿＿＿＿＿＿＿＿＿＿＿＿＿

使う
Column

現在進行形を使ってみよう！

今していることや起こっていることを表して「〜しています」と言うときは，〈be動詞＋〜ing〉の形を使います。

① 「今，何してる？」に答えよう ♪20

What are you doing?

今，何してるの？

I'm having lunch.

お昼ごはん食べてる。

I'm cooking.

料理をしているよ。

I'm watching TV.

テレビを見ているよ。

I'm listening to music.

音楽を聞いているところ。

I'm waiting for a bus.

バスを待っているんだ。

② していることをたずねてみよう ♪21

Is Ken studying?
Yes, he is.

ケンは勉強してる？—うん。

What is your brother doing?
He's playing with Ben.

弟さんは何をしてるの？ペンと遊んでいるよ。

眠ってるの？
Are you sleeping?

What are you making?
I'm making miso soup.

何を作ってるの？—みそしる作ってるよ。

③ こんなときにも使う！ ♪22

「〜しています」「〜していますか」を表す文は，下のような場面でも使われます。

Is it raining?
No.
It's snowing.

雨，降ってるの？—いや。雪が降ってる。

Are you feeling OK?
Yes, thank you.

気分はいいですか。—はい，ありがとうございます。

Can I help you?
No, thank you.
I'm just looking.

手伝いましょうか。—いいえ，結構です。見てるだけです。

You're watching ABC.

ごらんいただいている（チャンネル）は ABC です。

19章

過去形

過去形とは

一般動詞の過去の文

基本例文

♪01

Ken **played** tennis yesterday.

（健は昨日，テニスをしました。）

ここで 学 習 すること

「〜しました」と言うときは，動詞の過去形を使います。多くの動詞は，edをつけると過去形になります。

| 現在の文 | **Ken plays** tennis every day. | （健は毎日，テニスをします。） |

原形のplayにedをつけて過去形にする

| 過去の文 | **Ken played tennis yesterday.** | （健は昨日，テニスをしました。） |

---

1 現在形とのちがい

現在形は「（ふだん）〜します」のように習慣的に行うことなどを表しますが，過去形は「〜しました」と，もうすんだことを表します。

2 一般動詞の過去形

多くの動詞は，play→**played**のように動詞の最後に**ed**をつけると過去形になります（このような動詞を規則動詞といいます）。

一般動詞の過去形は，主語によって形が変わることはありません。主語がHeなどの3人称単数でも，過去形にsをつけたりはしません。

I watch TV every morning. （私は毎朝テレビを見ます。）♪02
I watched TV this morning. （私は今朝テレビを見ました。）

I visit my uncle every weekend. （私は毎週末におじを訪ねます。）
I visited my uncle last weekend. （私は先週末おじを訪ねました。）

くわしく─動詞の形

一般動詞の現在形は，主語によって動詞の形が変化しましたが，過去の文では，主語が何でも同じ形になります。
（現在の文）
・I play soccer.
・He plays soccer.
（過去の文）
・I played soccer.
・He played soccer.

3 過去を表す語句

過去の「いつのことなのか」を表すために，次のような過去を表す語句がよく使われます。

yesterday（昨日）	then（そのとき）
last ～ （この前の～）	last night（昨夜）　last week（先週） last month（先月）　last year（去年） last Monday（この前の月曜日に）
～ ago （〈今から〉～前に）	an hour ago（1時間前に） five days ago（5日前に） a week ago（1週間前に） ten years ago（10年前に）

Yuki called me last night. ♪ 03
（由紀は昨夜，私に電話をかけました。）
I cleaned my room last week. （私は先週，部屋をそうじしました。）
They visited Nara two weeks ago.
（彼らは2週間前に奈良を訪れました。）

▶くわしく　**過去を表す語句の文中での位置**

日本語では「昨日」などは文の最初におくのがふつうですが，英語では，yesterdayやlast ～のように「いつのことなのか」を表す語句は，文の最後におくのが基本です（文脈によって，最初におく場合もあります）。

19章／過去形

☑チェック問題

次の＿＿に適する語を入れましょう。

(1) 私は昨日，母を手伝いました。

　　I ＿＿＿＿＿＿＿ my mother yesterday.

(2) 彼女は昨日の午後，テニスをしました。

　　She ＿＿＿＿＿＿＿ tennis yesterday afternoon.

(3) 私たちはこの前の日曜日に大阪を訪れました。

　　We ＿＿＿＿＿＿＿ Osaka last Sunday.

解　答

(1) helped

(2) played

(3) visited

規則動詞の過去形

規則動詞の過去形の語形変化

基本例文

Yuki **played** the piano yesterday.

（由紀は昨日，ピアノを弾きました。）

一般動詞の過去形は，動詞の最後にedをつけてつくりますが，
study→studiedのように，そのままedをつけない動詞もあります。
edの発音は，もとの動詞の語尾によって変わります。

1 基本のつくり方とedの発音

規則動詞のほとんどは，動詞に**ed**をつけるだけで過去形になります。
過去形の**ed**の部分の発音は ［d ド］，［t ト］，［id イド］の3種類
あり，もとの動詞の語尾（edの直前の音）によって決まります。

① edを ［d ド］と発音 （ふつうの語） ♪ 05

play 〈〈スポーツを〉する〉	→ played	enjoy （楽しむ）	→ enjoyed
stay （滞在する，とどまる）	→ stayed	call （呼ぶ，電話する）	→ called
learn （習う，学ぶ）	→ learned	clean （そうじする）	→ cleaned

② edを ［t ト］と発音 （無声音で終わる語）

walk （歩く）	→ walked	ask （たずねる）	→ asked
look （見る）	→ looked	watch （じっと見る）	→ watched
help （助ける，手伝う）	→ helped	wash （洗う）	→ washed

③ edを ［id イド］と発音 （[t][d]で終わる語）

| want （ほしい） | → wanted | visit （訪ねる） | → visited |
| wait （待つ） | → waited | need （必要とする） | → needed |

くわしく edの発音

① 基本的には ［d ド］と発音します
（原形の語尾の発音が有声音のと
き）。

② ［t ト］と発音するのは，原形の語
尾の発音が無声音（声帯をふるわ
せない，息だけの音。[p] [f] [k]
[s] [ʃ] [tʃ] など）のときです。

③ ［id イド］と発音するのは，原
形の語尾の発音が ［t] [d] のと
きです。

2 (dだけをつける動詞)

eで終わる動詞には**dだけ**をつけます。

live（住む）	→ lived	use（使う）	→ used	♪06
arrive（到着する）	→ arrived	like（好きだ）	→ liked	
practice（練習する）	→ practiced	close（閉じる）	→ closed	

3 (yをiに変えてedをつける動詞)

study（勉強する）などは，**yをiに変えてed**をつけます。

study（勉強する）	→ studied	cry（泣く）	→ cried	♪07
carry（運ぶ）	→ carried	try（ためす）	→ tried	

4 (最後の文字を重ねてedをつける動詞)

stop（止める）などは，**最後の1字を重ねてed**をつけます。

♪08

stop（止める）→ stopped		plan（計画する）→ planned

テストで注意 **playやenjoyはそのままed**

yで終わる語がすべてy→iedになるわけではありません。yの前がa, i, u, e, oの動詞は，yのあとにそのままedをつけるだけです。

発展 語尾を重ねる動詞

語尾の1字を重ねる語は，規則動詞のうち最後の3文字が〈子音字＋アクセントのある母音字＋子音字〉で終わっている動詞で，ごく少数です。（母音を表すa, i, u, e, o, yが母音字で，それ以外が子音字。）

左の2つのほかに次の動詞があります。

・drop（落とす）→dropped
・clap（たたく）→clapped

✓チェック問題

（　）の語を過去形に変えて＿＿に入れましょう。

(1) I ＿＿＿＿＿＿ with Emi yesterday.（talk）

(2) He ＿＿＿＿＿＿ his computer last night.（use）

(3) We ＿＿＿＿＿＿ the park last Sunday.（visit）

(4) The rain ＿＿＿＿＿＿ yesterday afternoon.（stop）

(5) They ＿＿＿＿＿＿ the party last night.（enjoy）

解 答
(1) talked
(2) used
(3) visited
(4) stopped
(5) enjoyed

19章／過去形

不規則動詞の過去形

不規則動詞の過去形の語形変化

基本例文

I **went** to the library last Sunday.

（私はこの前の日曜日に図書館に行きました。）

♪09

ここで **学 習** すること

go→went，come→cameなどのように，不規則に変化する動詞を不規則動詞といいます。
これらは１つ１つ覚える必要があります。

多くの動詞（規則動詞）は，原形にedをつけると過去形になります。しかし一部のよく使われる動詞の中には，edをつけず，go（行く）→**went**のように不規則に変化して過去形になるものがあります。このような動詞を不規則動詞といいます。

おもな不規則動詞には次のようなものがあります。

ateってそう発音するのかー

♪10

go（行く）	→ went	come（来る）	→ came
have（持っている）	→ had	get（手に入れる）	→ got
see（見る）	→ saw	do（する）	→ did
say（言う）	→ said	make（作る）	→ made
read（読む）	→ read	write（書く）	→ wrote
give（与える）	→ gave	take（取る）	→ took
catch（つかまえる）	→ caught	teach（教える）	→ taught
bring（持ってくる）	→ brought	buy（買う）	→ bought
find（見つける）	→ found	forget（忘れる）	→ forgot
stand（立つ）	→ stood	sit（すわる）	→ sat
eat（食べる）	→ ate	tell（伝える）	→ told

くわしく readの過去形

read（読む）の現在形と過去形はまったく同じつづりですが，発音だけ変化します。現在形は［riːd リード］，過去形は［red レッド］と発音します。

R リーディング readの現在・過去の判断のしかた

readは過去形とつづりが同じです。主語が３人称単数なのにsがついていなければ過去形と判断できます。
・He <u>read</u> the book.（過去形）
※現在の文ならreadsとなる。

4 一般動詞の過去の否定文

「〜しませんでした」というときの文

基本例文

♪11

I **didn't** play tennis yesterday.

（私は昨日，テニスをしませんでした。）

一般動詞の過去の否定文は，動詞の前に did not[didn't]を入れます。

ふつうの文　I　　　**played** tennis yesterday. （私は昨日，テニス）
をしました。

↓　動詞の前に did not を入れ，動詞は原形にする

否定文　I did not **play** tennis yesterday. （私は昨日，テニス）
をしませんでした。

　「〜しませんでした」という否定文は，動詞の前に **did not** を入れ，動詞はもとの形（原形）にします。現在の文では主語によって do と does を使い分けましたが，過去の文では did だけです。

　did not は短縮形の **didn't** の形がよく使われます。

♪12

He studied math last night.　（彼は昨夜，数学を勉強しました。）
He didn't study math last night. （彼は昨夜，数学を勉強）
しませんでした。

I got up early this morning.　（私は今朝，早起きしました。）
I didn't get up early this morning. （私は今朝，早起き）
しませんでした。

くわしく 肯定文とは

　「〜ではありません」と打ち消す（否定する）文を否定文と言います。これに対して，「〜です」という意味のふつうの文を肯定文と言います。

テストで注意 否定文では動詞は原形！

　否定文では，動詞は原形を使います。
○ I didn't study math last night.
× I didn't *studied* math last night.

☑チェック問題

次の＿＿に適する語を入れましょう。

(1) 私は昨日，コンピューターを使いませんでした。

　　I ＿＿＿＿＿＿ ＿＿＿＿＿＿ the computer yesterday.

(2) ジムは今朝，朝食を食べませんでした。

　　Jim ＿＿＿＿＿＿ ＿＿＿＿＿＿ breakfast this morning.

解答

(1) didn't, use

▶否定文では動詞は原形。

(2) didn't, have[eat]

19章／過去形

203

一般動詞の過去の疑問文

「〜しましたか」とたずねるときの文とその答え方

基本例文

♪13

Did you watch TV last night?

（あなたは昨夜，テレビを見ましたか。）

ここで
学習
すること

一般動詞の過去の疑問文は，Did で文を始めます。

ふつうの文　　**You watched TV last night.**（あなたは昨夜，テレビを見ました。）

↓ Did で文を始めて，動詞は原形にする

疑問文　　**Did you <u>watch</u>　TV last night?**（あなたは昨夜，テレビを見ましたか。）

---

1 疑問文の形と答え方

　「〜しましたか」とたずねる文は，**Did** で文を始めます。疑問文では，動詞はもとの形（原形）にします。　現在の疑問文では主語によって Do と Does を使い分けましたが，過去の疑問文では Did だけです。

　Did 〜? に対しては **Yes, 〜 did.** または **No, 〜 didn't.** で答えます。

疑問文では動詞は原形。過去形を使わないように注意！

Did you talk with Emi yesterday?　　♪14

（あなたは昨日絵美と話しましたか。）
— Yes, I did.　　　（はい，話しました。）
— No, I didn't.　　（いいえ，話しませんでした。）

- -

Did Ms. Brown visit Kyoto?（ブラウンさんは京都を訪れましたか。）
— Yes, she did.　　（はい，訪れました。）
— No, she didn't.　（いいえ，訪れませんでした。）

2 疑問詞を使った疑問文

Whatなどの疑問詞と組み合わせる場合は，疑問詞を文の最初におきます。

疑問詞のあとは，did you 〜?やdid he 〜?のような一般動詞の過去の疑問文の語順になります。

♪15

What did you do yesterday?　（あなたは昨日，何をしましたか。）
— **I saw a movie with my friend.**　（私は友達と映画を見ました。）

When did Ken practice baseball?　（健はいつ野球を練習しましたか。）
— **He practiced after school.**　（彼は放課後練習しました。）

Where did he go?　（彼はどこに行ったのですか。）
— **He went to the library.**　（彼は図書館に行きました。）

▶くわしく ➤ **Who が主語の疑問文**

「だれが〜しましたか」とたずねる文は，Who（だれが）で文を始めます。

この文では，whoは主語になるので，あとには動詞の過去形が続きます。

・Who played the piano?
（だれがピアノを弾きましたか。）
— Aki did. （亜紀です。）

19章／過去形

✓チェック問題

次の＿＿に適する語を入れましょう。

(1) あなたは昨夜，テレビを見ましたか。— はい，見ました。

　　＿＿＿＿＿＿＿＿ you watch TV last night?

　　— Yes, I ＿＿＿＿＿＿.

(2) メアリーは京都で何をしましたか。— 金閣寺を訪れました。

　　What ＿＿＿＿＿＿ Mary ＿＿＿＿＿＿ in Kyoto?

　　— She ＿＿＿＿＿＿ Kinkakuji.

(3) 彼らはどこで野球をしましたか。— 彼らは公園でしました。

　　＿＿＿＿＿＿ ＿＿＿＿＿＿ they play baseball?

　　— They ＿＿＿＿＿＿ in the park.

＿＿＿ 解 答 ＿＿＿

(1) Did
　　did

(2) did, do
　　visited

(3) Where, did
　　played

定期テスト予想問題 ⑰

時間 20分
解答 p.257

得点 ／100

---

1 次の( )の中から適するものを選び，○で囲みなさい。 【5点×4】

(1) I (play, plays, played) tennis yesterday.

(2) Shinji (have, has, had) a good time last summer.

(3) (Do, Does, Did) you use the computer last night?

(4) I (don't, doesn't, didn't) cook dinner last Sunday.

2 次の( )の語を適する形にして，_____ に書きなさい。 【8点×4】

(1) I _____ in the park yesterday. (walk)

(2) You _____ English last night. (study)

(3) Lisa _____ in Kyoto last year. (live)

(4) They _____ to the lake last summer. (go)

3 次の[ ]内の語を並べかえて，日本文の意味を表す英文をつくりなさい。ただし，不要な語が1語ずつあります。 【6点×3】

(1) [at, seven, morning, this, I, up, get, got]. （私は今朝7時に起きました。）

(2) [play, you, soccer, do, did, yesterday]? （あなたは昨日サッカーをしましたか。）

(3) [Takashi, didn't, doesn't, a, get, letter]. （隆史は手紙を受け取りませんでした。）

4 次の質問に，あなた自身のことについて英語で答えなさい。 【15点×2】

(1) Did you watch TV yesterday?

(2) What time did you go to bed last night?

20章

be 動詞の過去の文

1 | be動詞の過去の文

「～でした」「～にいました」などと言うときの文

基本例文

♪ 01

I was busy yesterday.

（私は昨日, 忙しかったです。）

ここで
学 習
すること

「～でした」「～にいました」と過去のことを言うときは, be動詞の過去形のwas
かwereを使います。

| 現在の文 | **I am busy right now.** （私は今忙しいです。）

am を過去形のwasにする

| 過去の文 | **I was busy yesterday.** （私は昨日, 忙しかったです。）

1　be動詞の過去形

　be動詞（現在形はam, is, are）にも過去形があり,「AはBでし
た。」などと言うときにはbe動詞の過去形を使います。

　amとisの過去
形は**was**で, areの過去
形は**were**です。

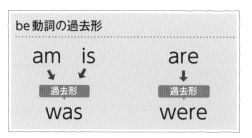

be動詞の過去形

am　is　　are

↓　　↓　　　↓

過去形　　　　　過去形

was　　　were

> be動詞の過去形は
> 2種類だけ! am
> とisの過去形は両
> 方ともwasなんだ。

主語	現在形	過去形
I	am	was
He / She / Itなど3人称単数	is	was
You / We / Theyなど複数	are	were

2 wasを使う文

wasはamとisの過去形です。ですから，wasを使うのは，主語がIのときと，he・she・itなどの3人称単数のときです。

I'm really hungry. （私は本当におなかがすいています。） ♪02
I was really hungry then.
（私はそのとき，本当におなかがすいていました。）

It's very cold today. （今日はとても寒いです。）
It was very cold yesterday. （昨日はとても寒かったです。）

3 wereを使う文

wereはareの過去形です。ですから，wereを使うのは，主語がyouや複数のときです。

They are in Kyoto now. （彼らは今，京都にいます。） ♪03
They were in Kyoto last Sunday.
（彼らはこの前の日曜日に，京都にいました。）

テストで 注意 **A and Bの主語は複数**

A and Bの形の主語は複数を表します。

Ken and Iなら「健と私」で複数の主語になります。KenやIだけを見て，wasを使わないようにしましょう。

・Ken and I were busy.
（健と私は忙しかったです。）

✅チェック問題

次の ___ に適する語を入れましょう。

(1) 私は昨日，病気でした。

I _____ sick yesterday.

(2) 私の父は先週，名古屋にいました。

My father _____ in Nagoya last week.

(3) 健太と晴美はそのとき，13歳でした。

Kenta and Harumi _____ thirteen years old then.

解答

(1) was

(2) was

(3) were
　▶主語が複数なのでwereを使う。

2 be動詞の過去の否定文

「～ではありませんでした」などと言うときの文

基本例文

It **wasn't** cold yesterday.

（昨日は寒くありませんでした。）

ここで学習すること

be動詞の過去の否定文は，was か were のあとに not を入れます。

| ふつうの文 | It **was** cold yesterday. | （昨日は寒かったです。） |

↓ was のあとに not を入れる

| 否定文 | It **was not** cold yesterday. | （昨日は寒くありませんでした。） |

---

was, were のあとに **not** を入れると，「～ではありませんでした」という否定文になります。

was not → **wasn't**, were not → **weren't** という短縮形もよく使われます。

I was busy yesterday. （私は昨日，忙しかったです。）　♪ 05
I wasn't busy yesterday. （私は昨日，忙しくありませんでした。）

We were in the kitchen then. （私たちはそのとき台所にいました。）
We weren't in the kitchen then.

（私たちはそのとき台所にいませんでした。）

テストで注意　一般動詞の文と混同しない！

be動詞の否定文では did は使いません。be動詞の文で didn't を使わないようにしましょう。

× He *didn't* busy.
　　　　形容詞
○ He wasn't busy.

（彼は忙しくありませんでした。）

✓ チェック問題

次の ＿＿ に適する語を入れましょう。

(1) 彼らはこの前の日曜日は家にいませんでした。

They ＿＿＿＿＿＿ at home last Sunday.

(2) 昨日，東京は晴れていませんでした。

It ＿＿＿＿＿＿ sunny in Tokyo yesterday.

解答

(1) weren't

(2) wasn't

3 be動詞の過去の疑問文

「〜でしたか」「〜にいましたか」などとたずねる文とその答え方

基本例文 ♪06

Were you tired then?

（あなたはそのとき疲れていましたか。）

ここで学習すること

be動詞の過去の疑問文は，wasかwereで文を始めます。

| ふつうの文 | You were tired. | （あなたは疲れていました。） |
| 疑問文 | <u>Were</u> you tired? | （あなたは疲れていましたか。） |

└─ Wereで文を始める

1 疑問文の形

be動詞の現在の疑問文はam，are，isで文を始めました。過去の文も同じで，**Was，Were**で文を始めると，「〜でしたか」「〜にいましたか」などとたずねる文になります。

Are you at home right now? （あなたは今，家にいますか。）♪07
Were you at home last night? （あなたは昨夜，家にいましたか。）

Is it sunny in Osaka? （大阪は晴れていますか。）
Was it sunny in Osaka? （大阪は晴れていましたか。）

2 答え方

Was 〜?やWere 〜?の疑問文に対しては，Yes, Noのあとに**was**や**were**を使って答えます。wasとwereは，答えの文の主語に合わせます。

✔確認 be動詞の現在の疑問文

be動詞の現在の疑問文はbe動詞で文を始めます。

・ふつうの文…She <u>is</u> busy.
（彼女は忙しい。）
・疑問文…<u>Is</u> she busy?
（彼女は忙しいですか。）

否定文も疑問文も，be動詞を過去形にするだけでOKってことだね

テストで注意 一般動詞の文と混同しない

一般動詞とbe動詞の過去形を両方学習すると，Did you play ~? を ×Were you play ~? としてしまうミスが出てきます。一般動詞の文ではbe動詞は使いません。混同しないようにしましょう。

3 疑問詞を使った疑問文

疑問詞と組み合わせる場合は，疑問詞を文の最初におきます。

「〜は何でしたか」は **What was ~?**，「だれが〜でしたか」は **Who was ~?**，「〜はどこでしたか」は **Where was ~?** のように表します。

主語がyouや複数のときは，wasの代わりにwereを使います。

✔確認 いろいろな疑問詞の疑問文

・What ~?（何〜?）
・What time ~?（何時〜?）
・Who ~?（だれ〜?）
・Whose ~?（だれの〜?）
・Which ~?（どちら〜?，どの〜?）
・When ~?（いつ〜?）
・Where ~?（どこ〜?）
・Why ~?（なぜ〜?）

What was the title of the movie?		♪09
	（その映画のタイトルは何でしたか。）	
— It was *Beautiful Sky*.	（『美しい空』でした。）	

Who was in the room?	（だれがその部屋にいましたか。）
— Yuki was.	（由紀がいました。）

Where were you this morning?	（あなたは今朝，どこにいましたか。）
— I was in the park.	（私は公園にいました。）

4 | How was 〜?

　How was 〜? の形で，「〜はどうでしたか」とたずねることができます。How was 〜?は何かのようすや，感想をたずねるときなどによく使われる表現です。

　主語が複数のときはwasのかわりにwereを使います。

		♪10
How was the movie?	（映画はどうでしたか。）	
— It was really exciting.	（本当にわくわくしました。）	
How was your trip?	（旅行はどうでしたか。）	
— I enjoyed it a lot.	（すごく楽しみました。）	
How was the weather in Hawaii?	（ハワイの天気はどうでしたか。）	
— It was cloudy.	（くもりでした。）	

How was today?
今日はどんな日だった？

✓チェック問題

次の ____ に適する語を入れましょう。

(1) あなたはこの前の日曜日に家にいましたか。—はい，いました。

　　_____ you at home last Sunday?

　　—Yes, I _____.

(2) 名古屋は昨日，暑かったですか。—いいえ。

　　_____ it hot in Nagoya yesterday?

　　—No, it _____.

(3) あなたと健は昨日の午後，どこにいましたか。

　　—私たちは公園にいました。

　　_____ _____ you and Ken yesterday afternoon?

　　—We _____ in the park.

解答

(1) Were

　　was

(2) Was

　　wasn't

(3) Where,　were

　　were

定期テスト予想問題 ⑱

時間 20分
解答 p.257

得点 ／100

---

1 次の日本文に合う英文になるように，____に適する語を書きなさい。 【5点×2】

(1) 私はそのときおなかがすいていました。

I ＿＿＿＿＿＿＿ hungry then.

(2) 彼らは先週，東京にいました。

They ＿＿＿＿＿＿＿ in Tokyo last week.

2 次の[ ]内の語を並べかえて，日本文の意味を表す英文をつくりなさい。ただし，不要な語が1語ずつあります。 【10点×3】

(1) [didn't, wasn't, at, I, home, last, weekend].　（私は先週末は家にいませんでした。）

_____

(2) [difficult, did, was, test, the]?　（テストは難しかったですか。）

_____

(3) [Hokkaido, in, it, was, were, cold]?　（北海道は寒かったですか。）

_____

3 次の日本語を英語になおしなさい。 【15点×2】

(1) 映画はどうでしたか。

_____

(2) あなたは今朝，どこにいましたか。

_____

4 次の質問に，あなた自身のことについて英語で答えなさい。 【15点×2】

(1) Were you busy yesterday?

_____

(2) How was the weather yesterday?

_____

使う Column

過去形を使ってみよう！

19章と20章で，一般動詞とbe動詞の過去形を学習しました。いろいろな動詞の過去形を使って，さまざまな場面で，過去にしたことや起こったことを表すことができます。

① 日曜日にしたことをたずねてみよう ♪11

| What did you do last Sunday? | Did you buy anything? | I got a new video game. |
| I went to a department store. | Yes. | |

この前の日曜は何をしたの？　　　　　　何か買った？—うん。　　　　　　新しいテレビゲームを買ったよ。
—デパートに行ったよ。　　　　　　　　　　　　　　　　　　　　　　　　＊ video game ＝「テレビゲーム」

② 英語で日記を書いてみよう ♪12

> Tuesday, January 1
>
> It snowed today.
> I got up at eight.
> I had some ozoni for breakfast.
> Then I visited Kasuga Shrine
> with my family.

1月1日（火）

今日は雪が降った。
8時に起きた。
朝食におぞうにを食べた。
それから，家族と春日神社を参拝した。
＊ shrine ＝「神社」

書きたい英語がわからなかったら和英辞典をひくとよいでしょう。
日記を書くときは，動詞は過去形を使います。

215

③ 旅行先から絵はがきを書こう ♪13

5月5日

親愛なるボブ,

ぼくは今, ハワイにいます。

ここへは昨日, 着きました。

外はとても暑いです。

今朝はワイキキ・ビーチに行きましたが, 泳ぎませんでした。ぼくはビーチバレーボールをして友達ができました。

楽しい時を過ごしています。

　　　　君の友達,

　　　　　憲二

```
                                    May 5
Dear Bob,
I'm in Hawaii now.
I got here yesterday.  It's very hot
outside.
I went to Waikiki Beach this morning,
but I didn't swim.  I played beach
volleyball and made some friends.
I'm having a good time.
                        Your friend,
                          Kenji
```

④ ニュースで ♪14

首相は今日, 中国を訪れました。リー氏と会食しました。

＊Prime Minister＝「首相, 総理大臣」

The Prime Minister visited China today. He had dinner with Mr. Lee.

⑤ こんなときにも使う！ ♪15

何かを「やった」と言うときのことば

I got it!

わかった！

I made it!

やりとげたぞ！

I did it!

やった！

21章

過去進行形

過去進行形とは

「〜していました」という文

> **基本例文**

♪01

Ken **was playing** tennis.

（健はテニスをしていました。）

ここで
学 習
すること

「（過去のある時点に）〜していました」と言うときは，be動詞の過去形（was, were）のあとに動詞のing形を続けます。

　過去形　**Ken　　　played tennis.**　　　（健はテニスをしました。）

↓ 〈be動詞＋動詞のing形〉にする

　過去進行形　**Ken was playing tennis.**　　　（健はテニスをしていました。）

---

1 〉 **ふつうの過去形とのちがい**

　「そのとき，ちょうどテニスをしていました」「そのときは眠っていました」のように，過去のある時点で，ある動作をしている最中だったことを表すときは過去進行形という形を使います。

過去形
I had lunch with Kumi.
私は久美と昼食を食べました。

過去進行形
I was having lunch with Kumi then.
私はそのとき，久美と昼食を食べていました。

地震だ！

▶すでに終わったできごとを伝える。　▶過去のある瞬間に何をしていたのかを表す。

今までに学習した一般動詞の過去形では，「ちょうどそのとき〜し

過去進行形は，現在進行形のbe動詞を過去形にするだけだよ。

> **テストで注意** be動詞を忘れずに

　進行形の文ではbe動詞を忘れないようにしましょう。
　× He *playing* tennis.
　○ He was playing tennis.
　（彼はテニスをしていました。）

ている最中でした」という意味は表せないことに注意してください。

2　過去進行形の形

　過去進行形は，**be動詞と動詞のing形**（→p.186）を使って表します。be動詞は主語によって，**was，were** を使い分けます。

主語	be動詞		
I	was		
You	were	playing	～.
He / She / It など3人称単数	was	など，動詞のing形	
We / They など複数	were		

I watched TV.　　　　　（私はテレビを見ました。）　　♪02
I was watching TV then.　（私はそのとき，テレビを見ていました。）

We played basketball yesterday.
　　　　　　　　　（昨日，私たちはバスケットボールをしました。）
We were playing basketball then.
　　　　　　　（私たちはそのとき，バスケットボールをしていました。）

■ **参考** **時を表す語句**

　過去進行形の文では「どの瞬間の動作だったのか」を表すために，次のような語句がよく使われます。
・then（そのとき）
・at that time（そのとき）
・〈at＋時刻〉（～時に）
　at three（3時に）

くわしく **進行形にしない動詞**

　進行形は，何かの「動作をしている最中」であることを表すための形なので，動作を表さない動詞は，ふつう進行形にしません。（→p.188）
　次の動詞は動作ではなく「状態」を表すので，ふつう進行形にしません。
・know（知っている）
・like（好きである）
・love（愛している）
・want（ほしがっている）
・see（見える）
・hear（聞こえる）

✓ チェック問題

次の＿＿＿に適する語を入れましょう。

(1) 私はそのとき，本を読んでいました。
　　I ＿＿＿＿＿＿＿＿ ＿＿＿＿＿＿＿＿ a book then.

(2) 彼女はそのとき，部屋をそうじしていました。
　　She ＿＿＿＿＿＿＿＿ ＿＿＿＿＿＿＿＿ her room then.

(3) 私たちはそのとき，サッカーをしていました。
　　We ＿＿＿＿＿＿＿＿ ＿＿＿＿＿＿＿＿ soccer then.

　　　　　　解答

(1)　was，　reading

(2)　was，　cleaning

(3)　were，　playing

219

2 — 過去進行形の否定文

「～していませんでした」という文

〔 基本例文 〕 ♪03

I **wasn't** watching TV.

（私はテレビを見ていませんでした。）

「～していませんでした」と言うときは，be動詞のあとにnotを入れます。

| ふつうの文 | **I was watching TV.** | （私はテレビを見ていました。） |

↓ be動詞のあとにnotを入れる

| 否定文 | **I was not watching TV.** | （私はテレビを見ていませんでした。） |

「～していませんでした」と言うときは，be動詞のあとにnotを入れます。was not→**wasn't**，were not→**weren't**という短縮形もよく使われます。

It was raining then. （そのとき雨が降っていました。） ♪04
It wasn't raining then. （そのとき雨は降っていませんでした。）

· ·

We were running then. （私たちはそのとき，走っていました。）
We weren't running then. （私たちはそのとき，走っていませんでした。）

否定文では，
wasn'tと
weren'tを使えば
いいんだね。

✓ チェック問題

次の＿＿に適する語を入れましょう。

(1) 私はそのとき，コンピューターを使っていませんでした。

I was ＿＿＿＿＿＿ ＿＿＿＿＿＿ the computer then.

(2) 彼らはそのとき，英語を勉強していませんでした。

They ＿＿＿＿＿＿ ＿＿＿＿＿＿ English then.

〔 解答 〕

(1) not, using

(2) weren't, studying
▶主語が複数なのでweren't。

3 過去進行形の疑問文

「〜していましたか」とたずねる文とその答え方

基本例文

♪05

Were you studying then?

（あなたはそのとき，勉強していましたか。）

ここで **学習** すること

「〜していましたか」とたずねるときは，be動詞で文を始めます。

| ふつうの文 | **You were studying then.** | （あなたはそのとき，勉強していました。） |

Were で文を始める

| 疑問文 | **Were you** studying then? | （あなたはそのとき，勉強していましたか。） |

1 「〜していましたか」の文

「（そのとき）〜していましたか」「〜しているところでしたか」とたずねるときはbe動詞の過去の疑問文（→p.211）と同じで，be動詞の過去形で文を始めます。

be動詞	主語		
Were	you	playing など，動詞のing形	〜?
	they など複数		
Was	he /she /it など3人称単数		

Were you watching TV then? ♪06

（あなたはそのときテレビを見ていましたか。）

Was Jim using a computer then?

（ジムはそのとき，コンピューターを使っていましたか。）

テストで **注意** Did 〜?としないこと!

過去進行形の疑問文では，一般動詞の過去の疑問文で使うdidは使いません。

×*Did* you playing 〜? などとしないように注意してください。

探偵みたいな質問のしかたたよね。

答え方

過去進行形の疑問文に対しては，be動詞の過去の疑問文と同じように
答えます。was と were は，答えの文の主語に合わせて使い分けます。

Were you sleeping then? （あなたはそのとき眠っていましたか。）🎵 **07**
— **Yes, I was.** （はい，眠っていました。）
— **No, I wasn't.** （いいえ，眠っていませんでした。）

Was it raining? （雨は降っていましたか。）
— **Yes, it was.** （はい，降っていました。）
— **No, it wasn't.** （いいえ，降っていませんでした。）

3 **「何をしていたの?」**

「（そのとき）何をしていたのですか」は **What were you
doing?** でたずねます。この doing は「する」という意味の動詞 do
の ing 形です。

What were you doing then? （あなたはそのとき何をしていましたか。）🎵 **08**
— **I was doing my homework.** （私は宿題をしていました。）

What was Miki doing in her room?
（美紀は部屋で何をしていましたか。）
— **She was listening to music.** （彼女は音楽を聞いていました。）

> 🎵 **くわしく** **doing 以外の
> 疑問文**
>
> What was[were] ～ doing?
> の doing の代わりに，ほかの動詞の
> ing 形を使うこともあります。
>
> ・**What was Yumi making?**
> （由美は何を作っていましたか。）
> —**She was making sushi.**
> （彼女はすしを作っていました。）

☑ **チェック問題**

次の＿＿に適する語を入れましょう。

(1) あなたはそのとき，ピアノを弾いていましたか。—はい。

＿＿＿＿＿＿ you ＿＿＿＿＿＿ the piano then?
— Yes, I ＿＿＿＿＿＿.

(2) あなたは昨夜の9時に何をしていましたか。—宿題をしていました。

What ＿＿＿＿＿＿ you ＿＿＿＿＿＿ at nine last
night? — I was ＿＿＿＿＿＿ my homework.

	解答

(1) Were, playing
was

(2) were, doing
doing

定期テスト予想問題 ⑲

時間 20分
解答 p.258

得点 　　　／100

1 次の日本文に合う英文になるように，_____ に適する語を書きなさい。　【8点×4】

(1) 私はそのときテレビを見ていました。

I _____ _____ TV then.

(2) 彼らはそのとき，電話で話していました。

They _____ _____ on the phone then.

(3) あなたはそのとき眠っていましたか。

_____ you _____ then?

(4) いいえ，眠っていませんでした。[(3)の答え]

No, I _____.

2 次の[　]内の語を並べかえて，日本文の意味を表す英文をつくりなさい。ただし，**不要な語が1語ずつあります。**
　【10点×4】

(1) [having, I, did, was, breakfast, then]. （私はそのとき，朝食を食べていました。）

_____

(2) [soccer, playing, we, were, did, then]. （私たちはそのとき，サッカーをしていました。）

_____

(3) [didn't, wasn't, games, playing, I, then]. （私はそのとき，ゲームをしていませんでした。）

_____

(4) [did, were, making, you, what]? （あなたは何を作っていたのですか。）

_____

3 次の日本語を英語になおしなさい。　【14点×2】

(1) 私はそのとき，英語を勉強していました。

_____

(2) あなたはそのとき，何をしていましたか。

_____

中学生のための
勉強・学校生活アドバイス

テストで気をつけること

「この間の定期テスト，どうだった？」

「最後の英作文のお題が"あなたの朝のルーティーンを書きなさい"で，面白かったです。」

「私は時間が足りなくて，英作文までできずに終わっちゃいました…。」

「That's too bad！ 神宮寺さんなら，あの英作文は簡単にできたと思うよ。」

「その前の長文読解が難しくて，時間がかかっちゃったんです。」

「もしかして，テストは前から順番に解かなきゃいけないって思ってる？ **テストが始まったらざっと全体を見て，やりやすいところから始めていいのよ。**」

「俺は，覚えるのに苦労した英単語があって，まずその問題に取り掛かった！ そうしないと，テスト中に頭から抜けちゃうんじゃないかって心配でさ。」

「それも賢い戦略ね！」

「そっか。私は戦略なんて考えたこともなかったです。他にもありますか？」

「**難しくて頭を悩ますような問題に出合ったら，後回しにするのもおすすめよ。その問題に印をつけてひとまず飛ばしちゃうの。**」

「あとで戻ってくるためですね！」

「Exactly！ そうすることで，"時間があれば解けたはず"の問題を落とさないようにするのよ。」

「私の場合，この前の英作文ですね。」

「あとは，時間がある限り見直しをすること。英文の"．（ピリオド）"や"？"を書き忘れたり，3単現のsを忘れたりする，うっかりミスに注意してね。」

うっかりミスで減点はもったいない。

22章

There is ～.

1   There is ～.

「…に～があります」「…に～がいます」という文

> ## 基本例文
> ♪01
>
> ## There is an amusement park near our school.
>
> （私たちの学校の近くに遊園地があります。）

> **ここで 学 習 すること**
>
> 「（ある場所に）～があります」「～がいます」は There is[are] ～. で表します。
>
> 名詞が単数   **There is a park near here.**   （この近くに公園が〈1つ〉あります。）
>   単数なので is を使う
>
> 名詞が複数   **There are some parks near here.** （この近くに公園がい くつかあります。）
>   複数なので are を使う

1 「～があります」

　「公園があります」のように，何かが「ある」と言うときには **There is ～.**（短縮形は **There's**）を使います。公園（a park）などの名詞は There is のあとにおきます。

　物が「ある」と言うときだけでなく，人や動物が「いる」と言うときにも使います。複数の場合には **There are ～.** を使います。

　　There is a big park near here.   ♪02
　　　　　　　　　（この近くに大きな公園が〈1つ〉あります。）
　　There's a book on the table.   （テーブルの上に本が1冊あります。）
　　There are a lot of children in the park.
　　　　　　　　　（公園にたくさんの子どもたちがいます。）

2 場所を表す語句

　「この近くに公園があります」のように，「どこにあるのか」を表す

> **くわしく**   **There is ～. の There の意味**
>
> there は本来「そこ（に）」という意味ですが，There is の There には特に「そこ」という意味はありません。「そこに」と言うときは There is a book there. のように文末に there をつけます。

> **参考**   **There is ～. の文の主語**
>
> There is の文は，形の上では There が主語に見えますが，意味の上ではそのあとの名詞（a big park など）が主語になります。

語句は，ふつう文の最後におきます。

　場所を表すときによく使われる語句を，前置詞といっしょに覚えておきましょう。

in （〜の中に）	in the park （公園に）， in the box （箱の中に）, in the room （部屋の中に）
on （〜の上に〈接触して〉）	on the desk （机の上に）， on the wall （壁に）
under （〜の下に）	under the desk （机の下に）
by （〜のそばに）	by the window （窓のそばに）
near （〜の近くに）	near the station （駅の近くに）

3 「〜がありました」

「〜がありました」「〜がいました」のように過去のことについて言うときには**There was 〜.**を使います。複数のときは**There were 〜.**を使います。

There was a cat under the chair. ♪03

（いすの下に1匹のねこがいました。）

There were a lot of beautiful flowers in the park.

（公園には美しい花がたくさんありました。）

4 「〜がありません」

否定文は**be動詞のあとにnot**を入れます。

There is a library near here. ♪04

（この近くに図書館が〈1つ〉あります。）

There isn't a library near here. （この近くに図書館はありません。）

There are many people here. （ここにはたくさんの人がいます。）

There aren't many people here.

（ここにはあまりたくさんの人はいません。）

22章／There is 〜.

発展 特定のものには使えない

There is は「相手にとって未知のもの」の存在を伝える文です。そのため，myやyourなどがついた名詞は，There is 〜.の文では使わないのが原則です。

「あなたの本は机の上にあります。」

○Your book is on the desk.

×There is *your* book on the desk.

参考 There are no 〜.

There are not any 〜.（〜が1つもありません）と同じような意味で，There are no 〜.と言うこともあります。

・There are no hospitals in this village.

（この村には病院はありません。）

2   There is 〜. の疑問文

「…に〜がありますか」「…に〜がいますか」とたずねる文と答え方

基本例文

♪ 05

Is there a convenience store near here?

（この近くにコンビニエンスストアがありますか。）

There is 〜. / There are 〜. の疑問文は be 動詞で文を始めます。

ふつうの文 **There is a convenience store near here.** （この近くにコンビニエンスストアがあります。）

疑問文 **Is there a convenience store near here?**

└→ is で文を始める   （この近くにコンビニエンスストアがありますか。）

1 「〜がありますか」の文

「〜がありますか」とたずねる文は be 動詞で文を始めます。名詞が単数のときは **Is there 〜?**，複数のときは **Are there 〜?** の形になります。

過去の場合は **Was there 〜? / Were there 〜?** の形でたずねます。

There is a hospital near the park. ♪ 06

          （公園の近くに病院があります。）

Is there a hospital near the park?

          （公園の近くに病院がありますか。）

There were <u>some</u> books on the table.

          （テーブルの上に何冊か本がありました。）

Were there <u>any</u> books on the table?

          （テーブルの上に本がありましたか。）

テストで注意 some と any の使い分け

some を使った文を疑問文に書きかえるときは，some はふつう any に変えます。

・There are <u>some</u> eggs in the box.

（箱の中に卵が数個あります。）

→Are there <u>any</u> eggs in the box?

（箱の中に卵がありますか。）

2 答え方

Is there ～?などの疑問文には,thereを使って次のように答えます。

疑問文	Yesの答え	Noの答え
Is there ～?	Yes, there is.	No, there is not.
Are there ～?	Yes, there are.	No, there are not.
Was there ～?	Yes, there was.	No, there was not.
Were there ～?	Yes, there were.	No, there were not.

Is there a station near here? (この近くに駅はありますか。) ♪07
—Yes, there is. (はい，あります。)
—No, there's not. (いいえ，ありません。)

Were there a lot of children in the park? (公園にはたくさんの子供たちがいましたか。)
—Yes, there were. (はい，いました。)
—No, there weren't. (いいえ，いませんでした。)

3 「いくつありますか」

「いくつの～がありますか」のように数をたずねるときは〈How many＋名詞の複数形〉で文を始め，**are there ～?** の形を続けます。

How many students are there in your school? ♪08
(あなたの学校には何人の生徒がいますか。)
—There are about 500. (約500人います。)

参考 「何がありますか」とたずねる文

「…に何がありますか」とたずねる文は，Whatで文を始め，isを続けます。isのあとに場所を表す語句をおきます。

・What's under the chair?
(いすの下に何がありますか。)
—There is a ball.
(ボールが1個あります。)

22章／There is ～.

テストで注意 How manyのあとは複数形

How manyのあとの名詞は複数形にします。
○How many students ～?
×How many *student* ～?

☑チェック問題

次の文を疑問文に書きかえるとき，＿＿＿に適する語を入れましょう。

(1) There is a post office near here.

→＿＿＿＿＿ ＿＿＿＿＿ a post office near here?

(2) There were a lot of people in the room.

→＿＿＿＿＿ there a lot of people in the room?

解答

(1) Is, there

(2) Were

定期テスト予想問題 ⑳

得点　／100

1　次の日本文に合う英文になるように，＿＿＿に適する語を書きなさい。　【10点×4】

(1)　机の下にねこが1ぴきいます。

＿＿＿＿＿＿＿＿＿ ＿＿＿＿＿＿＿＿＿ a cat under the desk.

(2)　床の上にたくさんの本があります。

＿＿＿＿＿＿＿＿＿ ＿＿＿＿＿＿＿＿＿ a lot of books on the floor.

(3)　この部屋には窓がありません。

＿＿＿＿＿＿＿＿＿ ＿＿＿＿＿＿＿＿＿ a window in this room.

(4)　公園には人がいますか。

＿＿＿＿＿＿＿＿＿ ＿＿＿＿＿＿＿＿＿ any people in the park?

2　次の[　]内の語を並べかえて，日本文の意味を表す英文をつくりなさい。ただし，不要な語が1語ずつあります。　【12点×5】

(1)　[a, there, to, is, be, next, park] the station.　（駅のとなりには公園があります。）

＿＿＿＿＿＿＿＿＿＿＿＿＿＿＿＿＿＿＿＿＿＿＿＿＿ the station.

(2)　[lot, a, children, of, are, does, there] in the gym.　（体育館には子どもたちがたくさんいます。）

＿＿＿＿＿＿＿＿＿＿＿＿＿＿＿＿＿＿＿＿＿＿＿＿＿ in the gym.

(3)　[does, there, here, is, near, a, bank]?　（この近くに銀行はありますか。）

＿＿＿＿＿＿＿＿＿＿＿＿＿＿＿＿＿＿＿＿＿＿＿＿＿?

(4)　[room, did, was, a, there, desk, in, the]?　（その部屋には机はありましたか。）

＿＿＿＿＿＿＿＿＿＿＿＿＿＿＿＿＿＿＿＿＿＿＿＿＿?

(5)　[there, many, much, are, how, students] in your school?　（あなたの学校には何人の生徒がいますか。）

＿＿＿＿＿＿＿＿＿＿＿＿＿＿＿＿＿＿＿＿＿＿＿＿＿ in your school?

23章

場面別表現

1 つなぎ言葉・あいづち

会話で使われる便利な表現

ここで **学習** すること ▷ 言葉がすぐに出てこないときに役立つ「ええと…」などのつなぎ言葉，相手の言ったことに対するあいづちなどの決まった言い方を学習します。

1 つなぎの言葉

話している途中で，次に言うべき言葉がすぐに出てこないときには次のように言います。すべて，日本語の「ええと…」に近い言葉です。

Well ...	（ええと…。/ あのー。/ それはね…。）	♪ 01
Let's see.	（ええと。/ そうねえ。）	
Let me see.	（ええと。/ そうですね。）	

> 言葉が思い浮かばないときなどは，沈黙しないでつなぎ言葉を活用しよう

2 あいづち

相手の言ったことに反応したり，相手の話を理解したことを示したりするときには次のように言います。

Really?	（本当？）	♪ 02
I see.	（わかった。/ なるほど。）	
I got it.	（わかった。/ 了解しました。）	

発展 いろいろなあいづち

あいづちとして，左にあげた以外に次のような表現も使われます。

・I understand.
　（わかりました。）
・Uh-huh.（うん。/ うんうん。）
・Oh yeah?（そうなの？）
・Are you sure?
　（確かなの？/ 本当に？）

3 (同意を示す)

相手の言ったことに賛成であることを示したり，相手の言ったことを「そのとおりです」と認めたりするときには次のように言います。

I agree.	（同意します。／そう思います。）
That's right.	（そのとおり。）
You're right.	（あなたは正しい。／あなたの言うとおり。）

♪03

4 (誘うときの言い方)

「（いっしょに）〜**しませんか**」と誘うときは，Let's 〜.（→ p.116）や How about 〜?（→ p.157）のほかに **Why don't we 〜?** という言い方も使われます。

Why don't we 〜? は文字通りには「なぜ私たちは〜しないのですか。」という意味ですが，「（いっしょに）〜しませんか。」という意味でよく使われます。

Why don't we go to the movies tomorrow?
— **Sounds great.** （明日いっしょに映画に行かない？ — いいですね。）

♪04

相手からの誘いや提案に，「それはいいですね」と応じるときは，**Sounds great.**（〈あなたの言ったことは〉すばらしいですね。）などの決まった表現がよく使われます。これは That sounds great. の that が省略された形で，文字通りには「それはすばらしく聞こえます。」という意味です。

Sounds great. とかサラッと言えるとかっこいいよね

参考 Why don't you 〜?

Why don't you 〜? は文字通りには「なぜあなたは〜しないのですか。」という意味ですが，「〜したらどうですか。」のように相手に何かをすすめたり，アドバイスしたりするときに使われます。

・Why don't you ask him?
（彼に聞いてみたらどう？）

S スピーキング いろいろな会話表現

このほかに，会話で使われるいろいろな表現を覚えておきましょう。

・Here you are.
（〈物を手渡して〉どうぞ。）

・What's wrong?
（どうかしたの？／何かあったの？）

・What's the matter?
（どうかしたの？／何か問題が起きたの？）

・What's up?
（どうしたの？／元気？）

・May I help you? / Can I help you?
（〈お店で店員が〉何かおさがしですか。／お手伝いしましょうか。）

・Can I speak to 〜, please?
（〈電話で〉〜さんはいらっしゃいますか。／〜さんとお話しできますか。）

2　許可を求める・依頼する

「～してもいいですか」「～してくれますか」と言うときの文

《 基本例文 》

♪05

Can I turn on the TV? — Sure. Go ahead.

（テレビをつけてもいいですか。—もちろん。どうぞ。）

ここで
学習
すること

許可を求めるときは Can I ～? が，依頼するときは Can you ～? が使えます。

| 許可を求める文 | **Can I turn on the TV?** | （テレビをつけてもいい？） |
| 依頼する文 | **Can you turn off the TV?** | （テレビを消してくれる？） |

1　許可を求める言い方

身近な相手に「～してもいいですか」と許可を求めるときは **Can I ～?**（→p.108）が使えます。これに対して「いいですよ」と応じるときは Sure. / No problem. / All right. などと言います。

Can I use this pen? — No problem.　♪06

（このペンを使ってもいいですか。—いいですよ。）

2　依頼する言い方

身近な相手に「～してくれますか」と依頼するときは **Can you ～?**（→p.109）が使えます。

Can you help me? — Sure.　♪07

（手伝ってくれますか。—もちろん。）

■ 参考　**ていねいに許可を求めるとき**

Can I ～? は「～してもいい？」に近い気軽な言い方です。「～してもよろしいですか」のようにていねいに許可を求めるときは May I ～? を使います。

・May I borrow this dictionary?

（この辞書を借りてもよろしいですか。）

■ 参考　**ていねいに依頼するとき**

Can you ～? は「～してくれる？」に近い気軽な言い方です。「～していただけますか」のようにていねいに許可を求めるときは Could you ～? を使います。

・Could you come with me?

（私といっしょに来ていただけますか。）

3 体調をたずねる

体調についてたずねたり，伝えたりする表現

♪08

> **基本例文**

What's wrong? — I have a headache.

（どうしましたか。— 頭痛がします。）

相手の体調をたずねるときは What's wrong?（どうしましたか。）などを使います。
また，痛みや熱，気分などの自分の体調について伝えるときには I have ～. や I feel ～. などを使います。

1 体調をたずねる言い方

体調についてたずねるときには，次のような表現を使います。

What's wrong?	（どうしましたか。）	♪09
What's the matter?	（どうしましたか。〈何かありましたか。〉）	
Are you OK?	（大丈夫ですか。）	
How do you feel?	（気分はどうですか。）	

2 体調を伝える言い方

体の不調について伝えるときには，次のような表現を使います。

I have a headache.	（頭痛がします。）	♪10
I have a fever.	（熱があります。）	
I have a sore throat.	（のどが痛いです。）	
I feel sick.	（気分が悪いです。）	
My leg hurts.	（脚が痛みます。）	

S スピーキング 体調を気づかう表現

体調の悪い相手には次のように声をかけることがあります。
- That's too bad.
  （お気の毒に。）
- Please take care of yourself.
  （お大事に。〈体に気をつけて。〉）
- Get well soon.
  （早くよくなって。）

くわしく 体調を伝える いろいろな表現
- I have a cold.
  （かぜをひいています。）
- I have a stomachache.
  （胃が痛いです。）
- I have a toothache.
  （歯が痛いです。）
- I have a pain here.
  （ここが痛いです。）

4 レストランなどでの注文

料理の注文を聞いたり，注文したりするときの表現

♪ 11

基本例文

What would you like? — I'd like spaghetti.

（何になさいますか。—スパゲティをお願いします。）

**ここで
学習
すること**

レストランやファストフード店では，次のような言い方がよく使われます。

What would you like?　　（何になさいますか。）
　┗ What do you want?のていねいな言い方
I'd like spaghetti.　　　（スパゲティをお願いします。）

1 注文をたずねる言い方

注文をたずねるときには，次のような表現が使われます。

What would you like?	（何になさいますか。） ♪ 12
What would you like to drink?	（お飲み物は何になさいますか。）
Are you ready to order?	（ご注文はお決まりですか。）

2 注文を伝える言い方

注文を伝えるときには，次のような表現を使います。I'd likeはI would likeの短縮形で，I wantのていねいな言い方です。

I'd like this one.	（これをお願いします。） ♪ 13
Can I have some water?	（水をもらえますか。）

Ⓢ スピーキング　Would you like 〜?

Would you like 〜?は「〜はいかがですか」のようにものをすすめるときに使われます。

・Would you like some tea? （お茶はいかがですか。）
　—Yes, please.
　　（はい，お願いします。）
　—No, thank you.
　　（いいえ，結構です。）

くわしく　注文のいろいろな表現

・For here or to go?
（店内ですか，お持ち帰りですか。）
　—For here, please.
　　（店内でお願いします。）
　—To go, please.
　　（持ち帰りでお願いします。）
・Can I see the menu?
（メニューを見せてもらえますか。）

5 道案内

道をたずねたり，教えたりするときの表現

♪14

基本例文

Excuse me. **I'm looking for** a subway station.

（すみません。地下鉄の駅をさがしているのですが。）

場所や道順をたずねるときには，Where is ～？（～はどこですか。）のほかに，I'm looking for ～.（～をさがしているのですが。）などが使われます。
道順は，ふつう Go straight.（まっすぐ行ってください。）のように命令文で指示します。

1 道をたずねる言い方

場所や行き方をたずねるときには，次のような表現が使われます。

Where's the museum?　　　（美術館はどこですか。）　　♪15
I'm looking for ABC Hospital.（ABC病院をさがしているのですが。）
How can I get to City Hall?　（市役所へはどう行ったらいいですか。）

2 道を教える言い方

道を教えるときには，次のように命令文（→ p.112）を使います。

Go straight this way.（こちらの方へまっすぐ行ってください。）♪16
Go along this street.（この通りに沿って行ってください。）
Go down this street for two blocks and turn left.
　　　　　（この通りを2ブロック行って左にまがってください。）
It's over there.　　　　（それはあそこにあります。）

くわしく　位置関係の表現

・It's <u>in front of</u> the park.
　（それは公園の<u>前</u>にあります。）
・It's <u>next to</u> the park.
　（それは公園の<u>となり</u>にあります。）
・It's <u>across from</u> the park.
　（それは公園の<u>向かい</u>にあります。）
・It's <u>on your right</u>.
　（それは<u>あなたの右側</u>にあります。）

6 電話

電話でよく使われる表現

基本例文

♪ 17

Hello. This is Aya. Can I speak to Mark?

（もしもし。私はアヤです。マークをお願いできますか。）

> **ここで学習すること**
> 電話で名乗るときは，This is ～. （私は～です。）が使われます。
> このほかにも，電話を取り次いでもらったり，切らずに待っていてもらったりする
> ときの決まった表現があります。

1 電話をかけるときの言い方

電話をかけるときは次のような表現が使われます。

Hello?	（もしもし。）
This is Hiroshi.	（私は博です。）
Can I speak to Amy?	（エイミーをお願いできますか。）

♪ 18

2 電話で使われるいろいろな表現

電話では，次のような表現も使われます。

Hold on, please.	（〈切らずに〉お待ちください。）
Just a minute, please.	（少しお待ちください。）
Speaking.	（〈「～さんをお願いします」と言われて〉私ですが。）
Amy is out right now.	（エイミーは今，外出しています。）
Can I leave a message?	（伝言を残してもいいですか。）

♪ 19

くわしく 電話での名乗り方

電話で自分の名前を名乗るときは，ふつうI'm ～.ではなく，This is ～.を使います。また，This is ～ speaking.（こちらは～です。）と言うこともあります。

・Hello. This is Aya speaking.
（もしもし。こちらはアヤです。）

電話でSpeaking.
（私ですが。）って使ってみたいな～

24章

その他の学習事項

「〜に見える」のlook

「〜に見える」という意味を表す動詞lookの文型

基本例文 ♪01

Kumi **looks** happy.

（久美はうれしそうに見えます。）

ここで **学習** すること A look(s) B.で「AはBに見える」という意味を表します。

Kumi looks happy. （久美はうれしそうに見えます。）
主語　〜に見える　形容詞
└主語＝形容詞の関係┘

1 lookの2つの意味

動詞**look**には「見る，目を向ける」という意味のほかに「〜に見える」という意味もあります。

「〜を見る」の意味のときは，Look at me.（私を見て。）のようにatがつきますが，「〜に見える」の意味のときはatはつきません。

2 look＋形容詞

「うれしそうに見える」「忙しそうに見える」「疲れて見える」のように「〜に見える」と言うときは，動詞lookのあとに**形容詞**を続けます。主語と形容詞がイコールの関係になっています。

主語が3人称単数で現在形のときは，lookに3単現のsが必要です。また，過去のことを言うときは過去形のlookedにします。

You look tired.　　　　　（あなたは疲れて見えます。）♪02
Takuya looks sleepy.　　（拓也は眠そうに見えます。）
The pizza looked good.　（そのピザはおいしそうに見えました。）

look atは「〜を見る」だけど，〈look＋形容詞〉は「〜に見える」という意味なんだね。

┃ 参考 ┃ sound

動詞のsoundは「〜に聞こえる」という意味を表します。
・That sounds interesting.
（それはおもしろそうに聞こえます→おもしろそうですね。）

2 like 〜ing / be good at 〜ing

「〜するのが好きだ」「〜するのが得意だ」の言い方

基本例文

♪03

My sister likes dancing.

（私の姉はおどることが好きです。）

ここで **学 習** すること

動詞のing形で，「〜すること」という意味を表します。

| 名詞 | **My sister likes music.** | （私の姉は音楽が好きです。） |
| 動詞のing形 | **My sister likes dancing.** | （私の姉はおどることが好きです。） |

1 like 〜ing

動詞のing形は「〜すること」という意味を表します。**like 〜ing** で「〜するのが好きだ」という意味になります。

I like playing the piano. （私はピアノを弾くのが好きです。）　♪04
Do you like singing songs?　（あなたは歌を歌うのが好きですか。）

2 enjoy 〜ing, be good at 〜ing

enjoy 〜ing は「〜するのを楽しむ」，〈**be動詞＋good at 〜ing**〉は「〜するのが得意だ」という意味を表します。

We enjoyed talking. （私たちはおしゃべりを楽しみました。）　♪05
My brother is good at swimming. （私の兄は泳ぎが得意です。）

くわしく　「〜すること」を表すing形

「〜すること」の意味を表すing形は，動詞が名詞の働きをするので「動名詞」と呼ばれます。

・Stop talking.
　（おしゃべりをやめなさい。）
・Dancing is fun.
　（おどることは楽しい。）

参考　「〜すること」を表す〈to＋動詞の原形〉

〈to＋動詞の原形〉も「〜すること」という意味を表します。want to 〜（〜したい），need to（〜する必要がある），try to（〜しようとする）などの形でよく使われます。

・I want to eat pizza.
　（私はピザが食べたいです。）
・We need to talk.
　（私たちは話し合う必要があります。）
・He tried to open the door.
　（彼はドアを開けようとしました。）

241

3　be going to 〜

「明日〜するつもりです」など，これから先の未来のことを表す文

> **基本例文**
>
> ♪06
>
> ## I'm going to play tennis with my friends tomorrow.
>
> （私は明日，友達とテニスをするつもりです。）

> ┌─────┐
> │ここで│
> │**学 習**│ > 「〜するつもりです」と未来のことを表すときは be going to を使います。
> │すること│
> └─────┘
>
> | 現在の文 | I | play tennis every day. （私は毎日テニスをします。） |
> | 未来の文 | I'm going to play tennis tomorrow. |
>
> （私は明日，テニスをするつもりです。）

1　be going to 〜の文

「〜するつもりです」「〜する予定です」のように未来のことを表すには〈**be going to ＋動詞の原形**〉を使います（be とは be 動詞のことです）。

be 動詞（am, is, are）は主語によって使い分けます。また，to のあとの動詞はいつも原形にします。

> I'm going to get up early tomorrow.　　　　♪07
>
> （私は明日，早く起きるつもりです。）
>
> Aya is going to visit her grandparents next week.
>
> （彩は来週，祖父母を訪ねるつもりです。）
>
> We are going to go to Hawaii next month.
>
> （私たちは来月，ハワイに行くつもりです。）

2　be going to 〜の否定文

否定文は，be 動詞のあとに**not**を入れます。「〜するつもりはあ

参考　未来を表す語句

未来の「いつ」するつもりなのかを表すために，次のような語句がよく使われます。

- ・tomorrow　（明日）
- ・next 〜　（次の，今度の〜）
- ・next Sunday　（今度の日曜日）
- ・next week　（来週）
- ・next month　（来月）
- ・next year　（来年）

りません」「〜する予定ではありません」という意味になります。

> I'm not going to get up early tomorrow. ♪08
> 　　　　　　　　　（私は明日，早く起きるつもりはありません。）
> He is not going to come here. 　　　（彼はここには来ません。）

テストで
注意　**doやdoesは使わない**

　be going toの疑問文では，doやdoesは使いません。be動詞で文を始めます。

○ Is he going to help us?
　（彼は私たちを手伝ってくれるつもりですか。）
× *Does* he going to help us?

3　be going to 〜の疑問文

　疑問文はbe動詞で文を始め，**Are you going to 〜?**や**Is he going to 〜?**の形になります。「〜するつもりですか」「〜する予定ですか」という意味になります。

　答えるときには，be動詞を使ってYesかNoで答えます。

> Are you going to come to the meeting next week? ♪09
> 　　　　　　　　　（あなたは来週の会合に来るつもりですか。）
> — Yes, I am. 　　　（はい，行くつもりです。）
> — No, I'm not. 　　（いいえ，行くつもりはありません。）
> ⋯⋯⋯⋯⋯⋯⋯⋯⋯⋯⋯⋯⋯⋯⋯⋯⋯⋯
> Is Mark going to go back to Canada this summer?
> 　　　　　　　（マークはこの夏，カナダに帰るつもりですか。）
> — Yes, he is. 　　（はい，帰るつもりです。）
> — No, he's not. 　（いいえ，帰るつもりはありません。）

4　「何をするつもりですか」などの文

　whatなどの疑問詞で疑問文を始めると，「何をするつもりですか」などとたずねることができます。

> What are you going to do tomorrow? ♪10
> 　　　　　　　　　（あなたは明日，何をするつもりですか。）
> — I'm going to stay home tomorrow.
> 　　　　　　　　　（明日は家にいるつもりです。）

4 will

「〜でしょう」や「〜します」と未来のことを表す文

♪ 11

基本例文

I'll call you tomorrow.

（私は明日，あなたに電話します。）

ここで 学習 すること

「〜でしょう」や「〜します」のように未来のことを表すときは，動詞の前にwill を入れます。willのあとの動詞は原形にします。

| 現在の文 | I call you every day. | （私は毎日，あなたに電話します。） |
| 未来の文 | I will call you tomorrow. | （私は明日，あなたに電話します。） |

---

1 未来を表すwill

未来のことを言うときは，be going toのほかにwillを使うことも あります。「〜でしょう」と予想を表したり，「〜します」と意志を表 したりするときに使われます。willのあとの動詞はいつも原形にします。

It will be sunny tomorrow. （明日は晴れるでしょう。） ♪ 12
I'll help you. （私があなたを手伝います。）

2 疑問文・否定文

疑問文はwillで文を始め，否定文はwillのあとにnotを入れます。

Will he come? （彼は来るでしょうか。） ♪ 13
— Yes, he will. （はい，来ます。）
— No, he won't. （いいえ，来ません。）

参考 助動詞

willはcanと同じ助動詞です。 主語が何であっても，will自体の 形は変わらず，あとの動詞は原形に なります。

くわしく willの短縮形

will notの短縮形はwon't（発 音は［ウォウント］）となります。 また，willは次のような短縮形も よく使われます。

・I will → I'll
・you will → you'll
・he will → he'll
・she will → she'll
・we will → we'll
・they will → they'll
・it will → it'll

5 いろいろな助動詞

助動詞 may と must を使った文

基本例文

♪ 14

May I have your name, please?

（あなたのお名前をうかがってもよろしいですか。）

ここで
学　習
すること

助動詞 **may** は「〜してもよい」という意味を，**must** は「〜しなければならない」という意味を表します。

| may の文 | **May I use your dictionary?** （あなたの辞書を使ってもよろしいですか。）|

| must の文 | **I must study hard.** （私は一生懸命勉強しなければなりません。）|

1 may の使い方

　助動詞 may は，May I 〜? で「〜してもよろしいですか」という意味を表します。Can I 〜? よりもていねいに許可を求める言い方です。

May I come in? （入ってもよろしいですか。）—**Sure.** （もちろん。） ♪ 15

2 must の使い方

　助動詞 must は「〜しなければならない」という意味を表します。否定の must not は「〜してはいけない」という禁止を表します。

I must study hard. （私は一生懸命勉強しなければなりません。） ♪ 16
You must not open this box.

（あなたはこの箱を開けてはいけません。）

参考 「〜かもしれない」の **may**

may は「〜かもしれない」という推量の意味を表すこともあります。

・He may not come today.

（彼は今日は来ないかもしれません。）

参考 「〜にちがいない」の **must**

must は「〜にちがいない」という意味を表すこともあります。

・He must be tired.

（彼は疲れているにちがいありません。）

くわしく must の疑問文

疑問文は must で文を始めます。

・Must I come tomorrow?

（私は明日，来なければなりませんか。）

have to ～

「～しなければならない」という意味を表す have to ～

♪ 17

I **have to** get up early tomorrow.

（私は明日，早く起きなければなりません。）

ここで
学 習
すること

「～しなければならない」は，動詞の前に **have to** を入れて表すこともできます。
to のあとの動詞は原形にします。
I <u>have to</u> get up early tomorrow. （私は明日，早く起きなければなりません。）
┗━ 「～しなければならない」の意味

---

1 **have to ～の文**

　「～しなければならない」は，mustのほかにhave toで表すこと
もあります。have toのあとには動詞の原形を続けます。主語が3人
称単数のときはhas toの形になります。

I have to go home now.
　　　　　　　　　　　　　　♪ 18
（私はもう家に帰らなければなりません。）
You have to finish this by noon.
（あなたは正午までにこれを終わらせなければなりません。）
Amy has to go to the hospital.
（エイミーは病院に行かなければなりません。）

🎧 **リスニング** **have to / has toの発音**

　have to は［ハフトゥ］または
［ハフタ］のように発音されます。
また，has to は［ハストゥ］のよ
うに発音されます。

📝 **くわしく** **mustとhave to ～**

　どちらも「～しなければならな
い」という意味を表しますが，意味
には少しちがいがあります。
　mustは「しなければ」という話
し手自身の気持ちを表したいときに
使われるのに対し，have toは何
か事情があって「（気持ちとは関係
なく）～しなければならない」と伝
えるときに使われます。

2 (have to ～の否定文)

　have toの否定文はdon't have to（主語が3人称単数のときは doesn't have to）の形になります。「～する必要はない」「～しなくてもよい」という意味です。

> I don't have to get up early tomorrow.　　♪ 19
> 　　　　　　　　　（私は明日，早く起きる必要はありません。）
> She doesn't have to come.　　（彼女は来る必要はありません。）

3 (have to ～の疑問文)

　have toの疑問文は「～しなければなりませんか」という意味になります。

　疑問文はDoで文を始めます。主語が3人称単数のときは，DoのかわりにDoesを使います。

　toのあとの動詞はいつも原形を使うことに注意してください。

> Do you have to get up early tomorrow?　　♪ 20
> 　　　　　　（あなたは明日，早く起きなければなりませんか。）
> Do I have to finish this today?
> 　　　　　（私は今日，これを終わらせなければなりませんか。）
> Does Amy have to go to the hospital?
> 　　　　　（エイミーは病院に行かなければなりませんか。）

くわしく 疑問文への答え方

　Do … have to ～?の疑問文に対しては，ふつうの一般動詞の疑問文に答えるときと同じように，Yes, ～ do. ／ No, ～ don't (have to). で答えます。

　主語が3人称単数のときはYes, ～ does. ／ No, ～ doesn't (have to). で答えます。

> Do I have to be like this forever?
> （ずーっとこうしてなきゃダメかい？）

1 会話文とそれに対する質問を聞き，質問に対する答えとしてもっとも適切なものを，ア〜ウの中から１つ選びなさい。 ♪01

(1) ア She wants a black sweater.
　　イ She wants a blue sweater.
　　ウ He likes blue.

(2) ア He plays video games with his brother.
　　イ He plays video games every day.
　　ウ He plays video games at home.

(3) ア He lives in Sydney, Australia.
　　イ He is teaching Japanese to Kate.
　　ウ He is reading a letter from his aunt.

2 英文と，それに対する質問を聞き，それぞれの質問に対する答えを英語で書きなさい。 ♪02

(1) _____

(2) _____

3 次の英文を読んで，（　　）内の語を適切な形にしなさい。ただし，変える必要がない場合はそのままの形を書きなさい。

(1) This is Maki. She is my sister. She (like) cats very much.

_____

(2) Mr. Yamada likes fishing. Last weekend, he (go) to Shinano River.

_____

(3) Riku is a member of the swimming team. He can (swim) very fast.

_____

4 次の英文は，高校生で生徒会役員のKenとLindaが，あるアンケート結果について話し合っているものです。英文を読んで，質問に答えなさい。

Linda: Ninety-five students helped us with our *survey.

Ken: So many? That's great! Let's look at the *results.

Linda: OK. Look at Figure 1. Sixty students want comic books in our school library.

Ken: I agree with them. (2)私も学校でまんが本を読みたいです。

Linda: I don't understand. Comic books are for fun. You can read them at home. We don't need them at school.

Ken: Yeah. But some comic books are good for learning things. Look at Table 2. It shows a lot of students want to study things with comic books.

Linda: Thirty-four students think that way, but the others want (3)them just for fun.

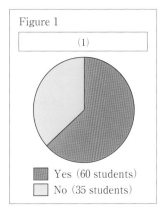

Figure 1

(1)

■ Yes (60 students)
□ No (35 students)

Table 2: Why do you want comic books at school library?	Number of students
I want to study many things with comic books.	34
I want to read comic books after school for fun.	21
I want to read many comic books for free.	5

〔注〕*survey：調査　result：結果

(1) Figure 1のタイトルにあてはまるアンケート項目として適切なものを1つ選びなさい。

ア　Do you want comic books at the school library?

イ　Do you read comic books after school?

ウ　Do you study Japanese with comic books?

(2) 下線部の日本語を英語にしなさい。

_____

(3) themがさすものを，本文中から英語で書き抜きなさい。

_____

(4) 次の質問に数字で答えなさい。

How many students don't want comic books at their school library? _____ 人

動詞の語形変化一覧表

重要動詞の３人称単数現在形，過去形，ing形を確認しましょう。不規則な変化形は赤字になっています。

原形	3単現	過去形	ing形	原形	3単現	過去形	ing形
agree（同意する）	agrees	agreed	agreeing	enjoy（楽しむ）	enjoys	enjoyed	enjoying
answer（答える）	answers	answered	answering	explain（説明する）	explains	explained	explaining
arrive（到着する）	arrives	arrived	arriving	fall（落ちる）	falls	fell	falling
ask（たずねる）	asks	asked	asking	feel（感じる）	feels	felt	feeling
be（be動詞）	is	was, were	being	find（見つける）	finds	found	finding
become（〜になる）	becomes	became	becoming	finish（終える）	finishes	finished	finishing
begin（始まる）	begins	began	beginning	fly（飛ぶ）	flies	flew	flying
borrow（借りる）	borrows	borrowed	borrowing	forget（忘れる）	forgets	forgot	forgetting
break（こわす）	breaks	broke	breaking	get（手に入れる）	gets	got	getting
bring（持ってくる）	brings	brought	bringing	give（与える）	gives	gave	giving
build（建てる）	builds	built	building	go（行く）	goes	went	going
buy（買う）	buys	bought	buying	grow（成長する）	grows	grew	growing
call（呼ぶ，電話する）	calls	called	calling	happen（起こる）	happens	happened	happening
carry（運ぶ）	carries	carried	carrying	have（持っている）	has	had	having
catch（つかまえる）	catches	caught	catching	hear（聞こえる）	hears	heard	hearing
change（変える）	changes	changed	changing	help（助ける，手伝う）	helps	helped	helping
choose（選ぶ）	chooses	chose	choosing	hit（打つ）	hits	hit	hitting
clean（そうじする）	cleans	cleaned	cleaning	hold（持つ，開催する）	holds	held	holding
close（閉じる）	closes	closed	closing	hope（望む）	hopes	hoped	hoping
come（来る）	comes	came	coming	hurry（急ぐ）	hurries	hurried	hurrying
cook（料理する）	cooks	cooked	cooking	introduce（紹介する）	introduces	introduced	introducing
cry（泣く，さけぶ）	cries	cried	crying	invent（発明する）	invents	invented	inventing
cut（切る）	cuts	cut	cutting	invite（招待する）	invites	invited	inviting
decide（決める）	decides	decided	deciding	join（参加する）	joins	joined	joining
die（死ぬ）	dies	died	dying	jump（ジャンプする）	jumps	jumped	jumping
do（する）	does	did	doing	keep（保つ）	keeps	kept	keeping
draw（（絵を）描く）	draws	drew	drawing	kill（殺す）	kills	killed	killing
drink（飲む）	drinks	drank	drinking	know（知っている）	knows	knew	knowing
drive（運転する）	drives	drove	driving	learn（習う，覚える）	learns	learned	learning
eat（食べる）	eats	ate	eating	leave（去る，出発する）	leaves	left	leaving

原形	3単現	過去形	ing形
like（好きである）	likes	liked	liking
listen（聞く）	listens	listened	listening
live（住む）	lives	lived	living
look（見る，～に見える）	looks	looked	looking
lose（失う，負ける）	loses	lost	losing
love（愛する）	loves	loved	loving
make（作る）	makes	made	making
mean（意味する）	means	meant	meaning
meet（会う）	meets	met	meeting
miss（のがす）	misses	missed	missing
move（動かす）	moves	moved	moving
name（名づける）	names	named	naming
need（必要とする）	needs	needed	needing
open（開ける）	opens	opened	opening
paint（（絵の具で）描く）	paints	painted	painting
plan（計画する）	plans	planned	planning
play（（スポーツを）する）	plays	played	playing
practice（練習する）	practices	practiced	practicing
put（置く）	puts	put	putting
read（読む）	reads	read	reading
receive（受け取る）	receives	received	receiving
remember（覚えている）	remembers	remembered	remembering
return（帰る）	returns	returned	returning
ride（乗る）	rides	rode	riding
run（走る）	runs	ran	running
save（救う）	saves	saved	saving
say（言う）	says	said	saying
see（見える，会う）	sees	saw	seeing
sell（売る）	sells	sold	selling
send（送る）	sends	sent	sending
show（見せる）	shows	showed	showing
sing（歌う）	sings	sang	singing
sit（すわる）	sits	sat	sitting
ski（スキーをする）	skis	skied	skiing

原形	3単現	過去形	ing形
sleep（眠る）	sleeps	slept	sleeping
smell（～のにおいがする）	smells	smelled	smelling
sound（～に聞こえる）	sounds	sounded	sounding
speak（話す）	speaks	spoke	speaking
spend（過ごす）	spends	spent	spending
stand（立つ）	stands	stood	standing
start（始める）	starts	started	starting
stay（滞在する）	stays	stayed	staying
stop（止める）	stops	stopped	stopping
study（勉強する）	studies	studied	studying
swim（泳ぐ）	swims	swam	swimming
take（取る）	takes	took	taking
talk（話す，しゃべる）	talks	talked	talking
taste（～の味がする）	tastes	tasted	tasting
teach（教える）	teaches	taught	teaching
tell（伝える，言う）	tells	told	telling
think（思う，考える）	thinks	thought	thinking
touch（さわる）	touches	touched	touching
try（やってみる）	tries	tried	trying
turn（曲がる）	turns	turned	turning
understand（理解する）	understands	understood	understanding
use（使う）	uses	used	using
visit（訪問する）	visits	visited	visiting
wait（待つ）	waits	waited	waiting
walk（歩く）	walks	walked	walking
want（ほしがる）	wants	wanted	wanting
wash（洗う）	washes	washed	washing
watch（見る）	watches	watched	watching
wear（着ている）	wears	wore	wearing
win（勝つ）	wins	won	winning
wish（願う）	wishes	wished	wishing
work（働く）	works	worked	working
worry（心配する）	worries	worried	worrying
write（書く）	writes	wrote	writing

動詞の語形変化一覧表

解答と解説

3章 I'm ~. / You're ~.

1 (1) ア　(2) ア　(3) イ

解説

♪読まれた音声 (1) Hello. I'm Kenji. I'm from Tokyo.
（こんにちは。私は健二です。私は東京の出身で
す。）

(2) *A:* Are you busy, Amy? （あなたは忙しいですか，
エイミー。）
B: Yes, I am. （はい，忙しいです。）

(3) *A:* Are you from America, Ms. Jones? （あなたは
アメリカの出身ですか，ジョーンズさん。）
B: No, I'm not. I'm from Canada. （いいえ，ちがい
ます。私はカナダの出身です。）

2 (1) I am Ken.　(2) Are you Emi?
(3) Yes, I am.

解説

(1)「私は」のIと人名の最初は大文字。文の最後には
ピリオド (.)。　(2) 文の最初と人名の最初は大文字。
疑問文の最後にはクエスチョン・マーク (?)。　(3)
文の最初は大文字。YesやNoのあとにはコンマ (,)。
「私は」のIは大文字。文末にはピリオド (.)。

3 (1) am　(2) are　(3) Are

解説

be動詞は，主語がIのときはam，主語がyouのとき
はare。文の最初は大文字で始める。

4 (1) You are　(2) Are you　(3) I'm not
(4) I'm not

解説

(1)「あなたは~です。」はYou are ~.　(2)「あなたは
~ですか。」はAre you ~?　(3)(4) I am の短縮形I'm
を使う。amn't という短縮形はないので注意。

5 (1) I am Ikeda Kumi.[I am Kumi Ikeda.]
(2) I'm from Tokyo.
(3) I am not Yuji.

解説

「私は~です。」はI am ~.で表す。短縮形はI'm。否
定を表すnotはamのうしろにくる。

6 (1) I am
(2) I'm from

解説

(1)「私は~です。」はI am ~.で表す。　(2)「私は~の
出身です。」はI'm from ~.で表す。

4章 This is ~. / That is ~.

1 (1) A　(2) B　(3) A　(4) A

解説

♪読まれた音声 (1) A. This is a restaurant. （これはレス
トランです。）　B. That is a supermarket. （あれは
スーパーマーケットです。）

(2) A. This is a department store. （これはデパート
です。）　B. That is a hotel. （あれはホテルです。）

(3) A. This is a hospital. （これは病院です。）
B. That is a post office. （あれは郵便局です。）

(4) A. That's my dog. （あれは私の犬です。）
B. This is my cat. （これは私のねこです。）

2 (1) is　(2) That's　(3) Is　(4) it's

解説

(1) 主語がThisなのでbe動詞はis。　(2)「あれは~で
す。」はThat's ~.　(3) 主語がthatなのでbe動詞は
is。　(4) 答えの文ではthisやthatのかわりにitを使
う。

3 (1) that　(2) No　(3) Is, a　(4) it's

解説
(1)「あれは飛行機ですか。」離れているものを直接さすときはthatを使う。　(2)「いいえ，ちがいます。」
(3)「それは鳥ですか。」　(4)「はい，鳥です。」

4 (1)（例）This is Ken.
　　(2)（例）Is that an orange?

解説
(1) 近くにいる人を紹介するときはThis is 〜.（こちらは〜です。）を使う。　(2) 離れているものについて「あれは〜ですか。」はIs that 〜?でたずねる。

---

5 章　He is 〜. / She is 〜.

定期テスト予想問題 ③　　　　p.82

1 (1) She　(2) He　(3) We　(4) They　(5) she

解説
(1) 1人の女性をさすsheを使う。　(2) 1人の男性をさすheを使う。　(3)「私たちは」はwe。　(4)「彼ら，彼女らは」はthey。　(5) Ms.は女性を表す。

2 (1) She is our English teacher.
　　(2) Is he your friend?
　　(3) He is not from Australia.

解説
(1)「彼女は〜です。」はShe is 〜.で表す。　(2)「彼は〜ですか。」はIs he 〜?で表す。　(3)「彼は〜ではありません。」はHe is not 〜.で表す。

3 (1) ① that　② she　(2) ① he　② He's

解説
(1)「あの女性はあなたのお母さんですか。」「はい，そうです。そして，あの男性は私のおじです。」　(2)「あの男性はあなたの友達ですか。」「いいえ，ちがいます。彼は私の先生です。」

---

6 章　I play 〜.など（一般動詞）

定期テスト予想問題 ④　　　　p.92

1 (1) ウ　(2) ウ　(3) ウ　(4) イ

解説
(1)(2)(3) 一般動詞の疑問文・答えの文・否定文ではdo[don't] を使う。　(4) goは「行く」。「〜に」を表すtoが必要。

2 (1) I like music.　(2) Do you play baseball?
　　(3) I don't have a cat.
　　(4) You speak English very well.

解説
一般動詞を使う文ではbe動詞（is, am, are）は使わないように注意。

3 (1) I don't[do not] play tennis.
　　(2) Do you play the piano?

解説
(1) 否定文はplayの前にdon't。　(2)「演奏する」という意味のplayを使う。Do you 〜?でたずねる。

---

7 章　複数形・数

定期テスト予想問題 ⑤　　　　p.102

1 (1) ア　(2) ウ　(3) イ

解説
♪読まれた音声 (1) Two pens and three notebooks, please. （ペンを2本とノートを3冊，お願いします。）
(2) One pen and two notebooks, please. （ペンを1本とノートを2冊，お願いします。）
(3) Three pens and three notebooks, please. （ペンを3本とノートを3冊，お願いします。）

2 (1) bikes　(2) foxes　(3) apples
　　(4) potatoes　(5) countries　(6) men

解説
(2)(4) esをつける。　(5) yをiに変えてesをつける。

(6) man（男性）は不規則に変化する。

3 (1) nine thirty　(2) hundred
(3) six, four, three, one, one, five, four, nine

解説 ···
(1)「9」と「30」を続けて言う。　(2) 100は hundred
で表す。　(3) four などのつづりに注意。

8章 canの文

1 (1) can　(2) play　(3) Can
(4) use　(5) can't[cannot]

解説 ···
「～できる」は動詞の前に can を入れる。「～できます
か」は Can で文を始める。否定文は can't[cannot] を
使う。

2 (1) I can't read Japanese.
(2) Can you read it (for me)?

解説 ···
(1) 否定文は can't[cannot] を動詞の前に。　(2)「～し
てくれませんか」は Can you ～?で表す。

3 (1) (例) Yes, I can.
(2) (例) I can play tennis.

解説 ···
(1)「あなたは速く泳げますか。」Yes, I can.か No, I
can't[cannot].で答える。　(2)「あなたは何のスポー
ツができますか。」I can play ～.で答える。

9章 命令文

1 (1) Use　(2) Let's, go　(3) Don't　(4) Be

解説 ···
(1) 命令文は動詞の原形で始める。　(2)「～しましょ
う」は Let's ～.で表す。　(3)「～しないで」は Don't
～.　(4) be動詞の命令文は原形 be を使う。

2 (1) Study English every day.
(2) Let's play the piano.
(3) Don't read this book.

解説 ···
(1) 命令文は動詞（study）で始める。　(2)「～しまし
ょう」は Let's ～.で表す。　(3)「～してはいけませ
ん」は Don't ～.で表す。

3 (1) (例) Don't play soccer here.
(2) (例) Please come to my house.

解説 ···
(1)「～してはいけません」は Don't ～.で表す。
(2)「どうぞ～してください」は please を使う。Come
to my house, please.としてもよい。

10章 He plays ～.など（3単現）

1 (1) goes　(2) has　(3) Does　(4) doesn't

解説 ···
(1) go の3単現は es をつける。　(2) have の3単現は
has。　(3)(4) 疑問文では Does，否定文では doesn't を
使う。

2 (1) Emi likes apples.
(2) Does Taro want a computer?
(3) Mary doesn't play the flute.

解説 ···
(2)〈Does ＋主語＋動詞 ～?〉の語順。　(3)〈主語＋
doesn't ＋動詞 ～.〉の語順。

3 (1) Yes, she does.　(2) No, she doesn't.

解説 ···
(1)「アリスは日本語を勉強しますか。」の問い。久美
の発言に She studies Japanese in Kyoto.とある。
(2)「久美はアリスに日本語でメールを書きますか。」
の問い。久美の発言に I write in English ～.とある。

11章 What ～?

定期テスト予想問題 ⑨
p.136

1 (1) is (2) do (3) do (4) does
(5) subjects

解説
一般動詞の疑問文ではbe動詞は使わない。

2 (1) He likes sushi.
(2) They cook (in the kitchen) (on Sundays).

解説
(1) スピーチの1行目にI like sushi.とある。
(2) 3～4行目にMy father and I cook ～.とある。

3 (1) (例) I like English and P.E.
(2) (例) I play tennis and basketball.

解説
(1)「あなたは学校で何の教科が好きですか。」自分の好きな教科を答える。 (2)「あなたは何のスポーツをしますか。」自分がするスポーツを答える。質問はsportsと複数形だが,答えるスポーツは1つだけでもかまわない。

12章 時刻・曜日・日付

定期テスト予想問題 ⑩
p.146

1 (1) Tuesday (2) Thursday
(3) February (4) May

2 (1) day, it (2) What's, date (3) time, it
(4) What, time (5) o'clock, morning

解説
曜日はWhat day ～?,日付はWhat's the date ～?,時刻はWhat time ～?でたずねる。

3 (1) She gets up at six thirty.
(2) It's[It is] Friday (today).

解説
(1)「しのぶは月曜から金曜までは何時に起きますか。」の問い。3行目にI get up at six thirty ～.とある。

(2)「今日は何曜日ですか。」の問い。最後の行にIt is Saturday tomorrow.とあるのでこの日は金曜日。

13章 How ～?

定期テスト予想問題 ⑪
p.158

1 (1) ア (2) イ (3) ア (4) ア

解説
♪読まれた音声 (1) How's the weather in Tokyo?（東京の天気はどうですか。）
(2) How much is this T-shirt?（このTシャツはいくらですか。）
(3) How does he go to the station?（彼はどうやって駅に行きますか。）
(4) How many comic books do you have?（あなたはマンガ本を何冊持っていますか。）

2 (1) How, old (2) How, tall
(3) How, much (4) How, often

解説
年齢はHow old ～?,身長はHow tall ～?,値段や量はHow much ～?,頻度はHow often ～?でたずねる。

3 (1) He comes (to the park) by bus.
(2) It's[It is] 500 meters.

解説
(1)「雨の日にはロッドはどうやって公園に来ますか。」の問い。ロッドの2番目の発言を参照。 (2)「公園から光子の家まではどのくらい離れていますか。」の問い。光子の最後の発言を参照。

14章 Who, Which, Whereなど

定期テスト予想問題 ⑫
p.168

1 (1) ア (2) ア (3) ア (4) イ (5) イ

解説
♪読まれた音声 (1) Where is your cat?（あなたのねこはどこですか。）
(2) When do you usually clean your room?（あなた

はふだんいつ部屋をそうじしますか。)
(3) Who is that man over there? (あそこにいるあの男性はだれですか。)
(4) Which is yours? (どちらがあなたのですか。)
(5) Whose book is this? (これはだれの本ですか。)

2 (1) Where (2) Who (3) When

解説 ・・・・・・・・・・・・・・・・・・・・・・・・・・・・・・・・・・・・・・
(1)「あなたはどこでサッカーをしますか。」 (2)「あなたの学校ではだれが数学を教えますか。」 (3)「学校祭はいつですか。」

3 (1) He plays (soccer) at Higashi Park. / At Higashi Park. (2) He practices baseball.

解説 ・・・・・・・・・・・・・・・・・・・・・・・・・・・・・・・・・・・・・・
(1)「あきらはどこでサッカーをしますか。」の問い。宏美の2番目の発言参照。 (2)「アレックスは毎日,野球かサッカーのどちらのスポーツを練習していますか。」の問い。アレックスの最後の発言参照。

15章 時・場所を表す前置詞

定期テスト予想問題 ⑬   p.172

1 (1) in (2) on (3) at (4) in (5) in

解説 ・・・・・・・・・・・・・・・・・・・・・・・・・・・・・・・・・・・・・・
「～に」は,年・季節・月・午前・午後はin,曜日・日付はon,時刻はatを使う。

2 (1) for (2) under (3) front (4) to

解説 ・・・・・・・・・・・・・・・・・・・・・・・・・・・・・・・・・・・・・・
(1) 時間の長さはforで表す。 (2)「～の下の[に]」はunder。 (3)「～の前で」はin front of ～。 (4)「AからBまで」はfrom A to B。

3 (1) I watch TV before dinner.
(2) His pictures are in this box.
(3) Finish your homework by (8 p.m.)

解説 ・・・・・・・・・・・・・・・・・・・・・・・・・・・・・・・・・・・・・・
(1)「～の前に」はbefore ～。 (2)「～の中に」はin ～。 (3)「～までに」はby ～。

16章 代名詞

定期テスト予想問題 ⑭   p.178

1 ① my ② mine ③ our ④ yours
⑤ his ⑥ they

2 (1) him (2) her (3) my sister's (4) our

解説 ・・・・・・・・・・・・・・・・・・・・・・・・・・・・・・・・・・・・・・
(1)(2)動詞の目的語なので目的格に。 (3)「いいえ,それは私の姉[妹]のです。」ここではmy sister'sだけで「私の姉[妹]のもの」の意味。 (4)「私たちの」の形に。

3 (1) my (2) them (3) We (4) hers

解説 ・・・・・・・・・・・・・・・・・・・・・・・・・・・・・・・・・・・・・・
(2)「～を」を表す形に。 (4) hersは1語で「彼女のもの」の意味。

4 (1) He (2) His (3) him

解説 ・・・・・・・・・・・・・・・・・・・・・・・・・・・・・・・・・・・・・・
(1)「彼は」(2)「彼の」(3)「彼を」を表す形を使う。

17章 感嘆文

定期テスト予想問題 ⑮   p.182

1 (1) What (2) How (3) How (4) What
(5) What

解説 ・・・・・・・・・・・・・・・・・・・・・・・・・・・・・・・・・・・・・・
あとに〈a[an]+形容詞+名詞〉がくるときはwhat,すぐあとに形容詞がくるときはhowを使う。

2 (1) How delicious! (2) What an old car!
(3) What a beautiful painting!
(4) What an interesting story!
(5) What an expensive watch!

解説 ・・・・・・・・・・・・・・・・・・・・・・・・・・・・・・・・・・・・・・
〈How+形容詞!〉または〈What+a[an]+形容詞+名詞!〉の語順にする。形容詞が母音で始まるときはaのかわりにanを使う。

18章 現在進行形

定期テスト予想問題 ⑯　　p.194

1 (1) B　(2) C　(3) C

解説 ....

♪読まれた音声 (1) A. Yuki is playing the piano.（ユキは
ピアノを弾いています。）　B. Yuki is listening to
music.（ユキは音楽を聞いています。）　C. Yuki is
swimming.（ユキは泳いでいます。）

(2)　A. Amy is reading a book.（エイミーは本を読ん
でいます。）　B. Amy is sleeping.（エイミーは眠っ
ています。）　C. Amy is talking on the phone.（エ
イミーは電話で話しています。）

(3)　A. Kana is studying math.（カナは数学を勉強し
ています。）　B. Kana is dancing with her friends.
（カナは友達とダンスしています。）　C. Kana is
walking her dog.（カナは犬を散歩させています。）

2 (1) watching　(2) playing

解説 ....

〈be動詞＋ing形〉で「～しています」の意味を表す。

3 (1) listening　(2) swimming　(3) writing
　(4) talking　(5) working

解説 ....

(2) swimは最後の1字を重ねてingをつける。
(3) writeは最後のeをとってingをつける。

4 (1)（例）Kumi is sleeping (in her bed).
　(2)（例）Tom and Ken are playing soccer.

解説 ....

(1)「クミは（ベッドで）眠っています。」の文。
(2)「トムとケンはサッカーをしています。」の文。

19章 過去形

定期テスト予想問題 ⑰　　p.206

1 (1) played　(2) had　(3) Did　(4) didn't

解説 ....

(1)(2) 過去の文なので過去形を使う。　(3) 過去の疑問
文はDid ～?の形。　(4) 過去の否定文はdidn'tを使う。

2 (1) walked　(2) studied　(3) lived　(4) went

3 (1) I got up at seven this morning.
　(2) Did you play soccer yesterday?
　(3) Takashi didn't get a letter.

解説 ....

(1) getが不要。　(2) doが不要。　(3) doesn'tが不要。

4 (1)（例）Yes, I did.
　(2)（例）I went to bed at 10:30 (last night).

解説 ....

(1)「あなたは昨日テレビを見ましたか。」の問い。
Yes, I did.かNo, I didn't.で答える。　(2)「あなたは昨
夜，何時に寝ましたか。」の問い。I went to bed at
～.の形で時刻を答える。

20章 be動詞の過去の文

定期テスト予想問題 ⑱　　p.214

1 (1) was　(2) were

解説 ....

am, isの過去形はwas，areの過去形はwere。

2 (1) I wasn't at home last weekend.
　(2) Was the test difficult?
　(3) Was it cold in Hokkaido?

解説 ....

(1) didn'tが不要。　(2) didが不要。　(3) 天気や気温
はitを主語にする。wereが不要。

3 (1) How was the movie?
　(2) Where were you this morning?

解説 ....

(1) 感想はHow was ～?（～はどうでしたか。）でたず
ねる。　(2)「あなたはどこにいましたか。」はWhere
were you?で表す。「今朝」はthis morning。

4 (1) (例) Yes, I was.
 (2) (例) It was sunny (yesterday).

解説 ‥‥‥‥‥‥‥‥‥‥‥‥‥‥‥
(1)「あなたは昨日，忙しかったですか。」の問い。Yes, I was. か No, I wasn't. で答える。 (2)「昨日の天気はどうでしたか。」の問い。It was ～. の形で，sunny (晴れた)，rainy (雨の)，cloudy (くもりの) などを使って答える。

21章 過去進行形

(定期テスト予想問題 ⑲)　　　p.223

1 (1) was, watching (2) were, talking
 (3) Were, sleeping (4) wasn't

解説 ‥‥‥‥‥‥‥‥‥‥‥‥‥‥‥
「～していました。」は〈be動詞＋ing形〉の過去進行形で表す。疑問文はbe動詞を前に出す。

2 (1) I was having breakfast then.
 (2) We were playing soccer then.
 (3) I wasn't playing games then.
 (4) What were you making?

解説 ‥‥‥‥‥‥‥‥‥‥‥‥‥‥‥
(1)(2)(4) did が不要。 (3) didn't が不要。

3 (1) I was studying English then.
 (2) What were you doing then?

解説 ‥‥‥‥‥‥‥‥‥‥‥‥‥‥‥
then は at that time としてもよい。

22章 There is ～.

(定期テスト予想問題 ⑳)　　　p.230

1 (1) There, is (2) There, are
 (3) There, isn't[There's, not] (4) Are, there

解説 ‥‥‥‥‥‥‥‥‥‥‥‥‥‥‥
(1)(2)「～があります」は単数なら There is ～. を使い，複数なら There are ～. を使う。 (3) 否定文は be 動詞のあとに not。 (4) 疑問文は be 動詞で始める。any people は複数扱い。

2 (1) There is a park next to (the station.)
 (2) There are a lot of children (in the gym.)
 (3) Is there a bank near here(?)
 (4) Was there a desk in the room(?)
 (5) How many students are there (in your school?)

解説 ‥‥‥‥‥‥‥‥‥‥‥‥‥‥‥
(1) be が不要。 (2) does が不要。 (3) does が不要。(4) did が不要。 (5) much が不要。数えられる名詞について「いくつ～」は How many ～? でたずねる。

入試レベル問題

p.248～249

1 (1) **イ** (2) **イ** (3) **ウ**

解説 ‥‥‥‥‥‥‥‥‥‥‥‥‥‥‥
♪読まれた音声 (1) A: May I help you? （何かお探しですか。）

B: Yes. I'm looking for a sweater for my father. （はい。父のためにセーターを探しているんです。）

A: OK. How about this one? （わかりました。こちらはいかがですか。）

B: Hmm… He doesn't like black. Do you have a blue one? （うーん…。彼は黒が好きではないんです。青いものはありますか。）

Question: What does the girl want? （女の子は何がほしいのですか。）

(2) A: Do you play video games, Mike? （テレビゲームはしますか，マイク。）

B: Yes, I do. I really like shooting games. （はい，します。シューティングゲームが大好きです。）

A: Where do you usually play? （たいていどこでしますか。）

B: At home with my brother. We play every day. （家で兄[弟]とします。私たちは毎日します。）

Question: How often does Mike play video games? （マイクはどのくらいの頻度でテレビゲームをしますか。）

(3) A: Hi, Takeshi. What are you doing? （こんにちは，

武。何をしているの。)

B: Hi, Kate. I'm reading a letter from my aunt. (こんにちは，ケイト。おばからの手紙を読んでいます。)

A: Where does she live? (彼女はどこに住んでいるの。)

B: She lives in Australia. She teaches Japanese at a school in Sydney. (彼女はオーストラリアに住んでいます。シドニーの学校で日本語を教えています。)

Question: What is Takeshi doing? (武は何をしていますか。)

2 (1) **She lives in Osaka.**
　　(2) **She bought some comic books.**

解説 ....

♪読まれた音声 I'm Amy. I live in Osaka. I went to Tokyo with my sister last weekend. We went shopping and I bought some comic books. I also visited an art museum. I really enjoyed the trip.
(私はエイミーです。大阪に住んでいます。先週末，姉［妹］といっしょに東京に行きました。私たちは買い物に行って，私は何冊かまんが本を買いました。私は美術館も訪れました。私は旅行をほんとうに楽しみました。)

No. 1: *Where does Amy live?* (エイミーはどこに住んでいますか。)

No. 2: *What did Amy buy last weekend?* (エイミーは先週末に何を買いましたか。)

3 (1) **likes** (2) **went** (3) **swim**

解説 ....

(1) 主語はShe（彼女）なので，動詞likeにsをつける。

(2) last weekend（先週末）という過去のことを表す語句があるので，過去形を使う。goの過去形はwent。

(3) canのあとの動詞は原形。

4 (1) **ア**
　　(2) **I want to read comic books at school, too.**
　　　　[I also want to read comic books
　　　　at school.]
　　(3) **comic books** (4) **35（人）**

解説 ....

(1) リンダが，図1で示されているのは「学校の図書室にまんが本がほしい」と思っている生徒の数だと説明している。

(2) 「～したい」はwant to ～。toのあとは原形。

(3) リンダは表2から「34人以外の生徒は，ただ楽しみのためにそれら（＝まんが本）をほしがっているだけ」だと考察している。

(4) 「学校の図書館にまんが本がほしいと思っていない生徒は何人ですか。」グラフでNoと答えている人数を確かめる。

［本文の意味］　リンダ：95人の生徒が私たちの調査を手伝ってくれたの。

健：そんなにたくさん？　それはすごい。じゃあ，結果を見てみよう。

リンダ：いいわ。図1を見て。60人の生徒が，学校の図書室にまんが本がほしいと思っているわ。

健：ぼくも彼らに賛成だよ。ぼくも学校の図書室でまんが本を読みたい。

リンダ：私は理解できないわ。まんが本は楽しむためのものでしょ。家で読めるじゃない。学校には必要ないわ。

健：まあね。だけど，物事を学ぶのに役立つまんが本もあるよ。表2を見て。たくさんの生徒がまんが本で勉強したいと思っていることを示しているよ。

リンダ：34人の生徒はそのように考えているわね。だけど，その他の生徒はただ楽しみのためにそれらをほしがっているだけよ。

さくいん

さくいん

さくいん

カバーイラスト・マンガ	くじょう
ブックデザイン	next door design（相京厚史，大岡喜直）
	株式会社エデュデザイン
本文イラスト	加納徳博，平澤南，テンキ，ヨシムラヨシユキ
録音	（財）英語教育協議会（ELEC）
ナレーション	Dominic Allen, Jennifer Okano
英文校閲	Joseph Tabolt
編集協力	株式会社エデュデザイン
	半田智穂，小縣宏行，甲野藤文宏，佐藤美穂，宮崎史子，渡邉聖子，渡辺泰葉，秋下幸恵
マンガシナリオ協力	株式会社シナリオテクノロジー ミカガミ
データ作成	株式会社明昌堂
	データ管理コード：22-2031-2010（2020）
製作	ニューコース製作委員会

（伊藤なつみ，宮崎純，阿部武志，石河真由子，小出貴也，野中綾乃，大野康平，澤田未来，中村円佳，渡辺純秀，相原沙弥，佐藤史弥，田中丸由季，中西亮太，髙橋桃子，松田こずえ，山下順子，山本希海，遠藤愛，松田勝利，小野優美，近藤想，中山敏治）

＼あなたの学びをサポート！／
家で勉強しよう。
学研のドリル・参考書

URL　https://ieben.gakken.jp/
Twitter　@gakken_ieben

読者アンケートのお願い

本書に関するアンケートにご協力ください。右のコードか URL からアクセスし，アンケート番号を入力してご回答ください。当事業部に届いたものの中から抽選で年間 200 名様に，「図書カードネットギフト」500 円分をプレゼントいたします。

アンケート番号：305208

https://ieben.gakken.jp/qr/nc_sankou/

学研ニューコース　中1英語

この本は下記のように環境に配慮して製作しました。
●製版フィルムを使用しない CTP 方式で印刷しました。
●環境に配慮して作られた紙を使っています。